Dekorative Lampen selbst gestalten

Constanze Eckert

Dekorative Lampen selbst gestalten

Unter Mitarbeit von Vera Olbricht

Bibliografische Information Der Deutschen Bibliothek
Die Deutsche Bibliothek verzeichnet diese Publikation in der Deutschen Nationalbibliografie; detaillierte bibliografische Daten sind im Internet über http://dnb.ddb.de abrufbar.
ISBN 3-332-01233-9

www.dornier-verlage.de
www.urania-verlag.de
2. Auflage Januar 2003

Der Urania Verlag ist ein Unternehmen der Verlagsgruppe Dornier.

Umschlaggestaltung:
Behrend & Buchholz, Hamburg
Fotos: die licht gestalten, Berlin
Idee, Fotobetreuung, Lektorat:
Berliner Buchwerkstatt, Vera Olbricht
Layout: Berliner Buchwerkstatt,
Britta Dieterle
Druck: Sachsendruck GmbH, Plauen
Printed in Germany

Gedruckt auf alterungsbeständigem Papier mit chlorfrei gebleichtem Zellstoff.

Die Schreibweise entspricht den Regeln der neuen Rechtschreibung.

Vorwort

Ob Tisch-, Steh-, Wand- oder Hängelampe, in der Fachsprache Leuchte genannt, ob traditionell oder unkonventionell, all das finden Sie in diesem Buch versammelt. Das Besondere ist – alle Lampen sind aus Papier.
Papier ist ein preiswerter, leicht erhältlicher Werkstoff, der mit Licht kombiniert eine sanfte, atmosphärische Beleuchtung erzeugt. Es lässt sich gut verarbeiten und mit anderen Materialien verbinden.
In Ländern des Ostens galt Papier als heiliges Material. Noch heute steht es in Japan symbolisch für Reinheit und dennoch dient es im Alltagsleben vielseitigen Zwecken: Als Faltlaterne, Schirm, Fenster und Schiebewand, um nur einige Objekte zu nennen, die traditionell aus Papier gefertigt werden.
Ich möchte Sie mit diesem Buch nicht nur für den Werkstoff Papier begeistern, sondern auch ermutigen, gleich ein Leuchtobjekt aus demselben zu schaffen. Lassen Sie unter Ihren Händen eine Lampe ganz nach Ihrem Wunsch in entsprechender Größe, bevorzugter Farbe und gewünschtem Design entstehen. Oder arbeiten Sie einen alten Lampenfuß um und geben einem längst vergilbten Lampenschirm ein dekoratives neues Outfit.
Papier im Raum kommt dem Wunsch nach Harmonie, Gelassenheit und sinnlichem Wohnen entgegen. Dadurch erfährt es im Westen als Werkstoff eine lange nicht da gewesene Anerkennung.

Über die allgemeinen Techniken wie das Anrühren von Kleister, das Kaschieren mit Papier auf feste Formen und Gerüste, den Umgang mit Draht und Weidenzweigen, das Biegen von Lampenschirm-Halterungen und Lampenfüßen führt das Buch zu Lampen aller Art, deren Bau Schritt für Schritt erläutert wird. Dies soll Mut machen, auch Eigenes zu wagen, was letztlich leichter ist, als es zunächst scheinen mag.

Für Ungeduldige gibt es schnell zu fertigende Lampen, für Humorige Zwerge und Herzen, die von innen leuchten, und für … blättern Sie einfach durch und sehen Sie selbst. Sicherheitshinweise und Installationstipps runden das Buch ab.

Ich wünsche Ihnen viel Erfolg und Freude beim Bauen Ihrer Lampen und Lichtobjekte.
Ihre Constanze Eckert

Kleine Geschichte des künstlichen Lichts

Licht übte auf den Menschen immer schon eine große Faszination aus. Vor der Erfindung künstlicher Lichtquellen war der Mensch ausschließlich auf die Sonne als Licht- und Wärmespender angewiesen. Der griechischen Mythologie zufolge lebten die Menschen armselig, da sie sich nicht wärmen oder ihr Essen kochen konnten, denn das Feuer, die älteste Form des künstlichen Lichts, war ausschließlich den Göttern vorbehalten. Prometheus erbarmte sich der Menschheit, stahl Feuer aus dem Himmel und brachte es zu den Menschen hinab.

So die Legende. Tatsächlich waren die Menschen früherer Kulturen dem natürlichen Wechsel zwischen Hell und Dunkel viel stärker unterworfen, als wir es uns heute vorstellen können. Ein Meilenstein in den Erfindungen ist daher der Gebrauch des Feuers, das gleich mehrere Funktionen erfüllte: Es bot Schutz vor wilden Tieren, wärmte die Menschen, erhellte die Dunkelheit und ermöglichte das Kochen von Speisen.

Bis ins Mittelalter dienten Fackeln und Kienspäne als verbreitete Leuchtmittel. Ein Kienspan wird aus einem besonders stark verharzten Stück Kiefer geschnitten, das aufgrund seines hohen Harzgehalts langsamer als Holz abbrennt.

Am Anfang einer langen Tradition künstlicher Lichtquellen steht wohl eine Lampe, die in einer der Höhlen von Lascaux gefunden wurde. Sie wurde aus rotem Sandstein gefertigt, geschliffen und mit einem verschlungenen Zickzackmuster verziert. Im Hohlraum dieser Lampe verbrannten tierische Fette mit Hilfe von imprägnierten Dochten aus Schwamm oder Wachholderholz.

Die Ägypter beleuchteten ihre Tempel und Wohngebäude bereits um 1300 v. Chr. mit Öllampen, deren Dochte aus Papyrus mit Olivenöl gespeist wurden, welches wesentlich angenehmer roch als stinkender Talg oder Tran. Während diese Dochtträger meist aus modelliertem und gebranntem Ton bestanden, wurden im antiken Griechenland und im römischen Reich von wohlhabenderen Menschen Lampen aus Bronze und Dochte aus Werg oder Flachsfasern bevorzugt. Die weit verbreiteten Ton- oder auch Metalllampen brannten viele Stunden und konnten auch so reguliert werden, dass sie wenig rußten.

Den Öllampen, die im Laufe der Jahrhunderte mehrfach verbessert wurden, traten Anfang des 19. Jahrhunderts gasgespeiste Lampen zur Seite. Diese wurden als wunderbare technische Neuerung gefeiert, da Gas als eine saubere, sehr effektive und preiswerte Lichtquelle galt.

Der Ursprung der Kerze liegt im Dunkeln. Man geht jedoch davon aus, dass die Römer diese von den Etruskern übernahmen. Erwähnt wird die Kerze erstmals in römischen Schriften aus dem ersten vorchristlichen Jahrhundert, indem sie als minderwertiger Ersatz für die Öllampe bezeichnet wird. Lange Zeit bestanden die Kerzen aus Talg und erst gegen Ende des 17. Jahrhunderts gab es Kerzen aus Bienenwachs, die wegen ihres hohen Preises zunächst nur begüterten Haushalten vorbehalten waren.

Ihre größte Bedeutung erreichte die Kerze wohl im 18. Jahrhundert als ausladender, glanzvoller Kerzenschimmer ein Zeichen von Wohlhabenheit war.

Das Ausmaß und die Art der Beleuchtung hatte in früheren Zeiten auch immer etwas mit dem sozialen Stand zu tun. Den finanziellen Gegebenheiten gemäß konnte man sich nicht nur unterschiedlich gearbeitete Öllampen und Kerzen leisten, sondern auch die Qualität des Lichts bestimmen. Diese war meist riechbar, da billige Materialien, wie Kerzen aus Rindertalg und billigem Öl, keinen angenehmen Geruch verbreiteten. Die technischen Möglichkeiten in der Beleuchtung blieben lange Zeit auf diesem Stand, da das Erzeugen von Licht immer mit dem Verbrennen einer Substanz verbunden war. Eine tiefgreifende Änderung brachte erst das elektrische Licht, die elektrische Glühlampe, auch Glühbirne genannt.

Die Erfinder J. W. Swan in England

und T. A. Edison in den USA kamen unabhängig voneinander, aber fast gleichzeitig, auf die Idee, im Vakuum eines Glasbehälters einen Glühfaden aus verkohlter Baumwoll- oder Bambusfaser aufglühen zu lassen. Obwohl Swan seine Lampe bereits 1878, ein Jahr vor Edison, patentieren ließ, gilt Edison als der Vater der Glühbirne, da er ein Stromverteilernetz errichtete, das elektrisches Licht in alle Haushalte brachte. Seine ersten Kunden verwendeten voller Stolz die nackte Birne ohne Schirm, denn elektrisches Licht galt als modern und luxuriös. In den ersten Jahren verbreitete sich die neue Technik trotz ihrer enormen Vorteile jedoch nur langsam. Das elektrische Licht wurde als zu grell, zu wenig schmeichelnd und atmosphärisch empfunden. Dies war die Grundlage für eine florierende (Leuchten-) Industrie, deren Ziel es war, das grelle Licht abzumildern bzw. zu lenken. So beschäftigte Tiffany, beispielsweise, 1905 bereits 200 Kunsthandwerker zur Herstellung von Lampenschirmen.

Heute zeichnet sich erneut ein Trend zu wärmeren, atmosphärischen Leuchtmitteln ab. Im Wohnbereich wird eine eher sanfte Helligkeit, ein den Raum verzauberndes Licht bevorzugt. Papier ist hierfür ein begehrtes Material. Allein durch seine hervorragenden Eigenschaften der Lichtdiffusion kommt es dem Bedürfnis nach »schmeichelndem« Licht, nach einer ruhigen, heimeligen Atmosphäre entgegen.

Licht im Raum

Keine Frage: Ein Raum ohne Licht ist wie ein Fluss ohne Wasser. Heutzutage gehört gutes Licht zur Behaglichkeit eines Raums dazu. Doch was ist Licht? Licht ist alles, was die Umgebung hell und dadurch Dinge sichtbar macht. Die beste Lichtquelle ist so gesehen natürlich die Sonne, von der unser Leben auf der Erde völlig abhängt. Dann gibt es das Feuer, gleich, ob ein Lagerfeuer im Freien oder ein prasselndes Kaminfeuer im Hause, und auch das Kerzenlicht hat seine Faszination nicht verloren. Dies sind alles Leuchtmittel, die uns mit unseren Vorfahren, gleich, ob dem Neandertaler in der Höhle oder den Griechen in ihren Wohngebäuden, verbindet. In den modernen »Höhlen« steht uns darüber hinaus eine Vielzahl an Lampen unterschiedlicher Bauart zur Verfügung.

Die hier vorgestellten Leuchten, im allgemeinen Sprachgebrauch, dem auch dieses Buch folgt, meist Lampen genannt, sind ausschließlich aus Papier gefertigt. Da Papier lichtdurchlässig ist, erzeugt eine Papierleuchte immer ein diffuses behagliches Licht. Die Kriterien zur Auswahl sind einfach, sobald man den Zweck, also die Art der Lichtverteilung, festgelegt hat. Dies ist für die Wirkung der Beleuchtung von größter Bedeutung.

Tischleuchten

Tischleuchten begegnet man überall, gleich, ob zu Hause, im Restaurant oder gar im Kaufhaus. Sie stehen in der Regel auf Tischen sowie Sideboards, spenden gedämpftes Licht und schaffen eine stimmungsvolle Atmosphäre. Entsprechend im Raum platziert, können sie als dekoratives Element eingesetzt werden.

Stehleuchten

Stehleuchten zählen im wahrsten Sinn des Wortes zu den bodenständigen Leuchtkörpern. Mit einem entsprechenden Design werden sie auch anspruchsvollen dekorativen Wünschen gerecht und geben ganz nach Bauart direktes und indirektes Licht. Die Stehleuchten in diesem Buch geben indirektes Licht.

Hängeleuchten (Pendelleuchten)

Hängeleuchten sind wohl die Klassiker unter den Leuchten. Früher war ihr angestammter Platz immer in der Zimmermitte, häufig über einem Tisch. Heute werden sie auch unter dekorativen und nicht nur pragmatischen Gesichtspunkten aufgehängt.

Wandleuchten

Wandleuchten verbinden uns wohl am meisten mit unseren Vorfahren, die mit Fackeln an den Wänden die Räume erleuchteten. Heutzutage dienen Wandleuchten oft auch als Raumschmuck und meist zur indirekten Beleuchtung.

Im Gegensatz zur Umgangs- unterscheidet man in der Fachsprache zwischen Lampen und Leuchten. Als Lampen werden die Lichtquellen und als Leuchten das gesamte Leuchtobjekt bezeichnet.

Glühlampe
(matt, klar, farbig)

Ein Wolframfaden wird in einem mit einem Gasgemisch aus Stickstoff und Argon oder mit Krypton gefüllten Glaskolben zum Glühen gebracht. Etwa 95 Prozent der elektrischen Leistung wird in Wärme umgewandelt, nur 5 Prozent in Licht. Je heller die Birne strahlt, desto höher ist die Wattzahl und dementsprechend höher die Temperatur. Glühlampen sind von 15 bis 200 Watt erhältlich.
Für Papierlampen keinesfalls mehr als 100-Watt-Glühbirnen einsetzen und auch dies immer gut abwägen! Glühbirnen mit klaren Kolben erzeugen harte Schatten und bilden die Strukturen der Lampenschirme auf Wand und Decke ab, solche mit mattierten Kolben erzeugen ein weiches, diffuses Raumlicht. Alle Glühlampen strahlen warmes, weißes Licht ab. Farbige Kolben schaffen eine besondere Lichtatmosphäre.
Unabhängig von der Kolbenform und -größe gibt es zwei gängige Fassungen und Sockel – E27 und die kleinere E14 – zum Herstellen des elektrischen Kontakts und zur mechanischen Befestigung der Glühlampe in der Fassung.

Weitere Lampentypen

Großkolben-Lampen, Tropfenform-Lampen, Kerzen-Lampen mit unterschiedlich großen Sockeln, Lichterketten-Lampen mit Schraubsockel, Kompakt-Leuchtstofflampen (Energiesparlampen) und Linienlampen.

Lichterketten-Lampen

Kleine Lampen mit niedrigen Wattzahlen, gut für rundum geschlossene und auch kleine Leuchten geeignet. Herd- und Kühlschranklampen, Lichterketten. Lichterketten gibt es in unterschiedlichen Längen mit matten, klaren und bunten Lämpchen mit weißem oder grünem Kabel.

Kompakt-Leuchtstofflampen
(Energiesparlampen)

Gibt es im Leistungsbereich von 5 bis 36 Watt. Diese Lampen haben eine mehrfach hohe Lichtausbeute bezogen auf die Leistungsaufnahme. Die Stromkostenersparnis liegt bei etwa 8 Prozent gegenüber einer gleich hellen Glühlampe und sie erreichen eine bis zu 8fach längere Lebensdauer. Kompakt-Leuchtstofflampen gibt es mittlerweile auch im klassischen Glühlampendesign.

Linienlampe mit Linienleuchte

Gut für Wandlampen geeignet, da sie das Licht gleichmäßig verteilen. Da Linienlampen wie Glühlampen mit einem Glühdraht funktionieren, geben sie ein sehr warmes Licht ab und sind nicht mit den eher kalt strahlenden Leuchtstoffröhren gleichzusetzen. Im Baumarkt und Elektrofachhandel erhältlich.

Sicherheitstipp
Für Papierlampen keine Halogen-Lampen verwenden, da diese sehr stark erhitzen und Brandgefahr besteht.

Lichtquellen-Zubehör

Fassungen dienen zur mechanischen Befestigung der Lampen und für die Stromzufuhr. Es gibt Metall-, Porzellan- und Plastikfassungen. Diese sind auch wie ein Bausatz abgepackt erhältlich. Sie haben häufig eine Aufschraubsicherung und lassen sich im zusammengesetzten Zustand meist nur durch Auffinden derselben wieder auseinandernehmen.

Schraubringe, auch Schirmträgerringe genannt, werden auf die Fassungen aufgesetzt und dienen zur Verbindung von Leuchtquelle und Schirm. Zwischen zwei Schraubringen kann eine Fassungshalterung zur Befestigung des Lampenschirms fest fixiert werden.

Eurokabel mit Stecker und Schalter gibt es im Elektrofachgeschäft und in Baumärkten. Kein umständliches Montieren von Schaltern und Steckern, das Kabel wird einfach an die Leuchterklemme (Lüsterklemme) der Fassung angeschraubt.

Deckenkabel haben eine Schutzkappe, die über die Leuchterklemmenverbindung gezogen wird.

Mit den angeführten Werkzeugen können die meisten Lampen gefertigt werden. Einige Dinge werden sich bereits im Werkzeugkasten oder im Haushalt befinden, andere sind im Fachhandel, Baumarkt und Hobbyfachgeschäft erhältlich.

Schneiden

Um Papiere aller Art, Draht und andere Materialien sauber zu schneiden, empfiehlt es sich, gute Schneidewerkzeuge zu verwenden.
Kombizange zum Biegen und Durchtrennen von dickem Stahl, Flach- und Rundzange (Zange mit halbrunden Backen) zum Biegen von Schlaufen und Spiralen und Kneifzange und Seitenschneider zum Durchtrennen. Die Schneide nahe am Gelenk dient Flach- und Rundzange zum Abzwicken des Drahtes.
Handsäge und Metallbügelsäge sind Werkzeug aus gehärtetem Stahl, mit denen Weiden und andere harte Materialien zersägt werden.
Die Universalschere dient zum Zerschneiden von Papier, Kartons, Pappen, Hanf und ähnlichen Materialien.
Der Cutter ist gut geeignet, um gerade Linien an einem Lineal entlang zu schneiden. Die Klinge sollte immer scharf sein, da das Papier sonst reißt.
Die Schneideunterlage ist eine feste Unterlage, die sowohl zum Schutz der Arbeitsplatte wie auch der scharfen Cutterklingen dient.

Verbinden

Um die Dinge fest miteinander zu verbinden, benötigt man entsprechendes, genau für die Arbeit geeignetes Werkzeug.
Der Elektroschraubendreher dient zum Lösen und Festdrehen von Schrauben. Ein Spannungsprüfer (Phasenprüfer) sollte nicht verwendet werden, um Schrauben zu lösen. Mit ihm kontrolliert man ausschließlich, ob eine Leitung Spannung führt.
Heftklammern dienen zum Zusammenklammern von Papier und Pappe.
Heißkleber ist besonders gut zum schnellen Verkleben vollplastischer Formen geeignet.
Mit Nähnadel und Nähseide werden unterschiedliche Bestandteile eines Leuchtobjekts verbunden.

Messen

Lineal und Maßband dienen zum genauen Messen.

Sonstiges

Ein Zirkel dient zum Zeichnen eines Kreises, mit dem Pinsel wird Kleister oder Farbe aufgetragen und mit dem Bleistift werden Markierungen angezeichnet.

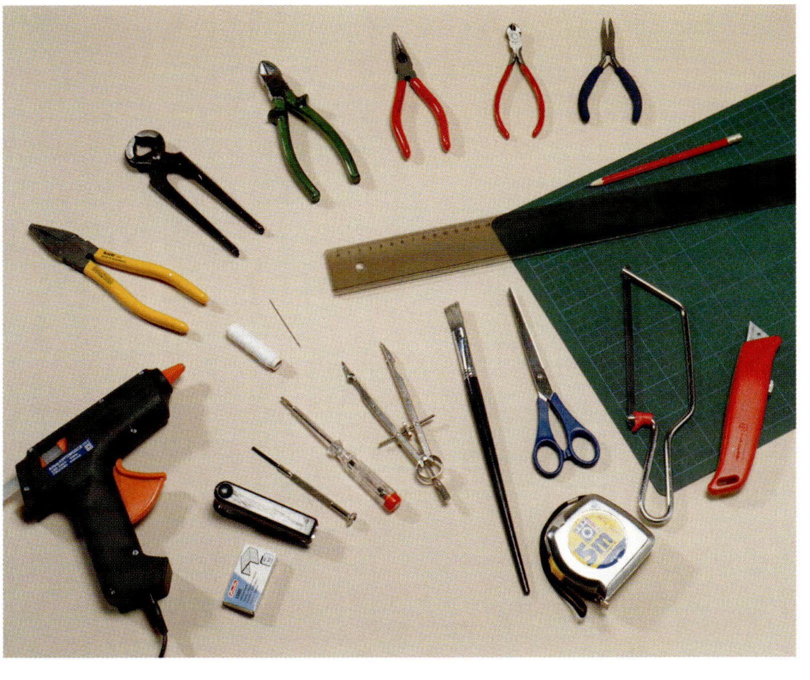

Die hier angeführten Materialien werden zum Bau von Papierlampen benötigt. Je nachdem, ob das Gerüst der Leuchte aus Weidenruten oder Draht besteht, auf eine feste Form kaschiert oder frei gestaltet werden soll, werden die entsprechenden Materialien verwendet.

Draht

In Baumärkten, Eisenwaren- und Hobbyfachgeschäften ist Draht in unterschiedlichen Materialien und Stärken erhältlich.
Draht unterscheidet sich in Härte und Stärke. Es gibt Stahl-, Messing-, Kupfer-, Eisendraht sowie verzinkten Eisen- und auch verkupferten Stahlschweißdraht. Draht ist als Rolle, als Drahtgewebe und die stärkeren Arten auch als Stäbe in verschiedenen Längen erhältlich.
Punktgeschweißtes Drahtgitter dient als Gerüst für geradlinige Lampenschirme. Es ist sehr stabil, relativ inflexibel und lässt sich nur geradlinig abkanten.

Weiden

Weidenruten sind in Blumenfachgeschäften und Gartencentern, beim Korbmacher und gelegentlich auch in Hobbyfachgeschäften mit und ohne Rinde erhältlich.

Sonstiges

Tonkinstäbe (Blumen-, Pflanzenstäbe) aus dem Gartencenter;
Schnur, Bast;
Papierklebeband, Pappe;
Tapetenkleister und Holzleim zum Anrühren der Kleistermischung;
Blumentopfuntersetzer als Kleisterschale;
Mülltüten als Arbeitsunterlage;
Alufolie;
Modellgips, Gipsschale aus Gummi;
Doppelklebeband, Klebestift, Alleskleber;
verchromte Allzweckklammern;
Frühstückstüten, im Super- oder Drogeriemarkt erhältlich;
Luftballons in verschiedenen Formen;
Teelichthalter aus Glas, Teelichter.

Dekorationsmaterial

Tüll, Naturmaterialien zum Einarbeiten in die kaschierten Papierschichten;
Kunstfell als Dekoration;
Seesterne, Muscheln für Mobiles;
Glassteine zur Verzierung eines Lampenfußes.

Papier ist wohl der Werkstoff, der sich am vielseitigsten verarbeiten lässt. Es kann geschnitten, gerissen, gebogen, gefaltet und gepresst zu Lampions, Lampen, Bastelobjekten aller Art und sogar zu Möbeln verarbeitet werden. Alle Papiere für den Bau von Lampenschirmen sind in Hobbyfach- und Schreibwarengeschäften erhältlich.

Joss-Paper

Aus dem Chinaladen. In China wird es bei Begräbnissen als »Geistergeld« verbrannt. Dadurch sollen die Geister der Ahnen günstig gestimmt werden. Ein sehr dekorativ und vielseitig einsetzbares Papier.

Pergamentpapier

Durchscheinendes Papier, stabiler als Seidenpapier, in den Stärken 150 g/m^2 und 230 g/m^2 erhältlich. Es ist zum Kaschieren nicht geeignet. Aufgrund seiner Transparenz und Stabilität für schlichte Lampenschirm-Formen gut verwendbar. Es ist weiß und cremefarben erhältlich.

Pergaminpapier

Auch als Drachenpapier bekanntes, pergamentartiges, durchscheinendes Papier, das gegen Licht gehalten transparent wirkt. Es hat eine glatte Oberfläche, ist dünn und durchsichtig, aber dennoch stabil, ähnlich wie Butterbrotpapier.
Pergaminpapier lässt sich auch in nassem Zustand leicht verarbeiten und verliert dabei nichts von seiner Stabilität. Seine Transparenz ermöglicht es, mehrere Schichten übereinander zu legen, ohne dass es seine durchscheinenden Eigenschaften verliert. Dieses dünne Papier ist aufgrund seiner Transparenz und Stabilität für den Bau von Papierlampen geradezu prädestiniert. In Bogen (70 x 100 cm) und Rollen in unterschiedlichen Farben erhältlich.
Aufgepasst: Das Papier dehnt sich in nassem Zustand aus und zieht sich in trockenem zusammen, wodurch jedoch auch reizvolle Effekte erzielt werden können.

Seidenpapier

Sehr dünnes Papier, das in vielen Farben als Rolle oder in genormten Größen als Bogen erhältlich ist.
Es ist nicht so stabil wie Pergaminpapier und auch weniger lichtdurchlässig. Es lässt sich allerdings leichter an engmaschige Gittergerüste schmiegen. Zum Kaschieren ist es jedoch nicht geeignet.
Aufgepasst: Die Papiere färben in nassem Zustand ab. Daher für den Bau von Lampen am besten nur weißes Papier verwenden.

Strohseide

Geschöpfte Papiere aus Pflanzenfasern in unterschiedlichen Farben und Dekoren, auch zweifarbig und mit eingeschöpften Materialien in verschiedenen Stärken erhältlich.
Die Fasern verleihen dem Papier eine Stabilität und eine Geschmeidigkeit wie Seide. Da es so weich und flauschig ist, empfiehlt es sich, sie mit dem Pinsel zu verarbeiten.
Strohseide blutet in feuchtem Zustand nicht aus. Aufgrund ihrer Struktur und ihres Dekors sind Strohseide-Papiere auch besonders gut für schnell gemachte, einfachere Lampen geeignet. Sie ist als Rollen oder in genormten Größen als Bogen erhältlich. Der Name Strohseide ist ein eingetragenes Warenzeichen der Firma Pulsar, Dreieich.

Graupappe

Das dicke steife Papier eignet sich zur Herstellung von Schablonen. In 1–2,5 mm Stärke erhältlich. Graupappe wird bei Lampen häufig für Abstandshalterungen verwendet.

Karton

Dickes steifes Papier in verschiedenen Stärken bis hin zur Dicke von Verpackungskarton. Dünner Karton ist hervorragend zum Bau von Pappkegeln geeignet.

Kleister anrühren/Gips gießen

1 **Kleister anrühren**

1 Tapetenkleister ist für das Kaschieren von Formen und Gerüsten hervorragend geeignet. Es empfiehlt sich Instantkleister zu verwenden, da dieser in 3 Minuten gebrauchsfertig ist. Den Kleister gemäß Herstellerangaben auf der Packung mit Wasser anrühren. Um Klumpenbildung zu vermeiden, das Ganze kräftig durchrühren. Am besten nur eine kleine Menge, bis 500 ml, anrühren. Ist der Kleister gut durchgezogen, also dickflüssig und klumpenfrei, wird wasserfester Holzleim eingerührt. Dieser verleiht dem Papier mehr Stabilität sowie Festigkeit. Darüber hinaus schützt er vor Feuchtigkeit, sodass der Schirm mit einem feuchten Tuch abgewischt werden kann. Auf 250 ml Kleister kommt ein knapper Esslöffel Holzleim. Wird mehr Holzleim zugesetzt, wird die Mischung zu klebrig und lässt sich nur schwer verarbeiten.
Die fertige Kleistermischung wird in eine flache Schale gegossen, damit sie beim Arbeiten leicht zu erreichen ist. In einem geschlossenen Gefäß lässt sich die Mischung einige Zeit gut aufbewahren. Da alte Kleisterreste das Festwerden der neuen Mischung verhindern, muss das Gefäß vor dem Einfüllen gereinigt werden.

2 **Gips anrühren**

2 Teelichthalterungen können in Lampenformen mit Modellgips fest verankert werden. Die Gipsschale aus Gummi zu einem Drittel mit Wasser füllen. Den Gips einstreuen, der sich schnell vollsaugt und nach unten sinkt. Der flüssige Brei ist gießfähig, wenn sich auf der Wasseroberfläche weiße Gipsinseln deutlich abzeichnen und etwa 3–5 Sekunden halten. Erst dann den Brei um- und zügig zu einer glatten Masse verrühren.

3 **Gips gießen**

3 Den angerührten Gips rasch, aber vorsichtig in den Papierkegel gießen. Ein Kegel, wie der abgebildete, sollte 6–7 cm mit Gips gefüllt werden. Die Teelichthalterung vorsichtig in den noch flüssigen Gips eindrücken. Der obere Rand der Halterung schließt mit dem flüssigen Gips ab. Der Gips bindet 5–15 Minuten nach dem Anrühren ab und erwärmt sich nach 15–25 Minuten. Richtig durchgetrocknet ist er erst nach 2–3 Tagen.

Pappkegel sind einfach zu fertigende Konstruktionen, die ganz nach Belieben in unterschiedlicher Größe für die Herstellung kaschierter Formen dienen.
Der Pappkegel wird nach dem Trocknen der kaschierten Form wieder entfernt. Pappkegel sind einfach zu fertigende Konstruktionen aus dünnem Karton, die ganz nach Belieben in unterschiedlicher Größe für die Herstellung kaschierter Formen dienen. Hierfür kann der Kegel ganz nach gewünschter Bauweise spitzer oder flacher zulaufend angelegt sein. Pappkegel werden nach dem Trocknen der kaschierten Form wieder entfernt.

1 **Pappkegel fertigen**

1 Aus dünner Pappe einen Kreis schneiden. Dieser wird dann in zwei gleich große Halbkreise zerschnitten. Den Halbkreis zu einem Kegel biegen, wobei die beiden Seiten übereinander gelegt und mit einer Heftklammer fixiert werden. Für einen stabileren Halt die übereinander liegenden Kanten mit Papierklebeband überkleben.
Soll der Kegel flacher und breiter sein, verwendet man den gesamten Kreis, wobei der Radius eingeschnitten wird. Die beiden Kanten wiederum übereinander schieben und den Kegel wie oben beschrieben fertigstellen.

2 **Pappkegel ummanteln**

2 Der Pappkegel wird in Alufolie eingeschlagen. Dabei können durchaus kleine Unebenheiten entstehen, die bei der fertig gestellten Leuchtenform nicht mehr sichtbar sind. Wichtig ist, dass der gesamte Kegel außen mit Folie bedeckt ist. An der Kegelkante die Alufolie nach innen umschlagen.
Die Alufolie verhindert, dass das kleisterfeuchte Papier sich mit dem Pappkegel verbindet, sodass die trockene Papierform problemlos abgelöst werden kann.

Tipp
Aus Pappe können auch andere Formen, wie Zylinder, gefertigt werden. Auch vorgefundene Formen, wie Verpackungskartons, eignen sich für die Herstellung kaschierter Formen.

Kaschieren auf Pappkonstruktionen

Für die Herstellung kaschierter Hohlformen können Pappkegel, Luftballons, Draht- und Weidengerüste oder plastische Objekte als Form dienen. Kaschieren bedeutet, eine feste Form oder ein Gerüst mit Papier zu bedecken. Aufgebracht wir das Papier mit einer Kleistermischung (s. Seite 16), die der Form Festigkeit und Stabilität verleiht. Es empfiehlt sich, den Arbeitsplatz mit Plastikfolie abzudecken. Das Papier wird in Stücke gerissen, da dies unklarere Übergänge, eine bessere Haltbarkeit und gleichmäßigere Oberflächen ergibt.

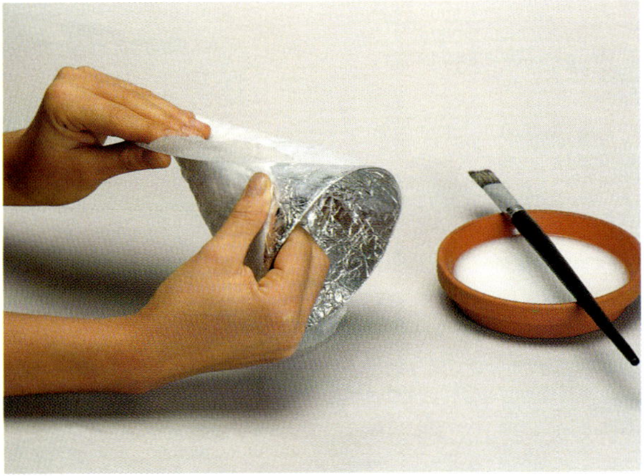

1 Erste Schicht

1 Damit die erste Papierschicht nicht zu fest mit der Alufolie verklebt, wird zunächst ein großer Halbkreis

2 Weitere Schichten

aus dem Papier gerissen, einseitig eingekleistert und mit der gekleisterten Seite nach außen (!) möglichst auf den ganzen Kegel aufgebracht. Nun die beidseitig eingekleisterten Stücke aufkleben.

2 Es werden 3–5 Papierlagen auf eine Arbeitsform kaschiert. Arbeitet man mit unterschiedlichen Farben, sind die Schichten leicht zu erkennen. Einfarbige Schirme erfordern mehr Aufmerksamkeit, da auch diese mehrlagig gearbeitet sein müssen. Den Pappkegel mit einer Hand von innen festhalten und von außen das Papier fest mit den Fingern aufmassieren. Darauf achten, dass auch die Kegelspitze und der untere Rand mehrlagig kaschiert werden. Gut trocknen lassen.

Aufgepasst: Das Papier nicht in das Kegelinnere umschlagen, da die Hohlform dann nicht mehr abzulösen ist.

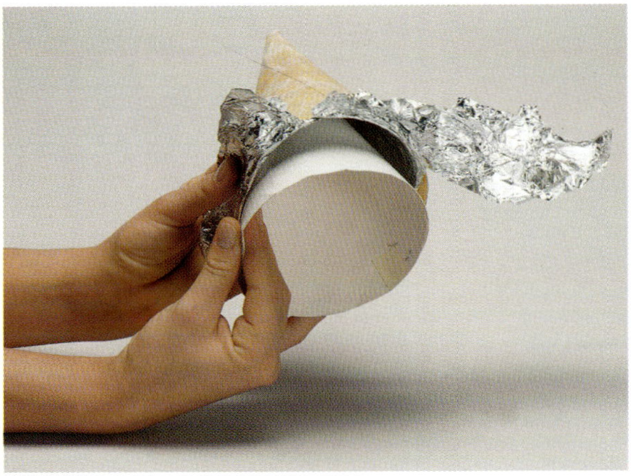

3 Kegel auslösen

3 Beim Trocknen schrumpft das Pergaminpapier um 10–20 Prozent zusammen und lässt sich häufig nur schwer von der Arbeitsform lösen. Deshalb immer behutsam und vorsichtig vorgehen. Lässt sich die Hohlform dennoch nicht ablösen, zieht man den Pappkegel aus der Alufolie heraus und löst diese dann vorsichtig aus dem Inneren der Papierform ab.

Ein mit Luft gefüllter Ballon wird mit Papier zu einer festen Hohlform kaschiert (s. Seite 18). Den Ballon aufblasen, fest verknoten und an den Knoten mit Schnur oder dünnem Wickeldraht ein Gewicht (wie Stein, Holzstück) anbringen. Das Gewicht in ein Gefäß hängen lassen. Der Ballon liegt oben auf und bleibt durch das Gewicht einigermaßen stabil in einer Position. Den Ballon mit Wasser befeuchten und die Kleistermischung (s. Seite 16) bereitstellen.

1 Mehrere Schichten

1 Den Luftballon mit mindestens drei Schichten Papier kaschieren, damit die getrocknete Form beim Herauslösen des Ballons stabil bleibt. Es sollten maximal fünf Schichten aufgetragen werden, da das Licht der Glühbirne (25 Watt) sonst nicht durch das Papier scheint. Der Kleister kann mithilfe eines Pinsels oder mit den Händen aufgetragen werden. Gut trocknen lassen.

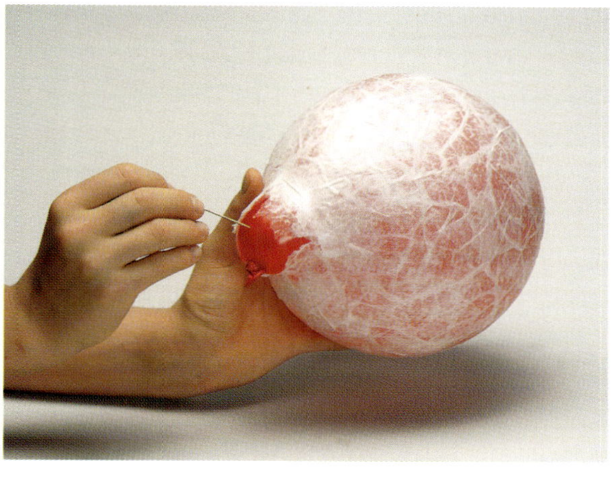

2 Ballon auslösen

2 Nach dem Trocknen den Luftballon mit einer Nähnadel einstechen und vorsichtig herauslösen. Der Ballon löst sich umso leichter, je weniger Kleister zwischen ihn und die erste Papierschicht gelangt ist. Zieht sich das Papier beim Ablösen des Ballons zusammen, kann es behutsam wieder in Form gedrückt werden.

3 Öffnung verstärken

3 Mit der Schere den Rand der Ballonform so groß ausschneiden, dass durch die Öffnung eine Glühbirne hindurchgeführt werden kann. Für einen sauber gearbeiteten Abschluss wird der Rand zuletzt mit kleinen Papierstücken von innen nach außen ummantelt und somit verstärkt.

Aufgepasst: Je dunkler die Farbe des Papiers, desto weniger Licht scheint hindurch.

Kaschieren auf feste Formen

Als feste Formen können fast alle Gegenstände wie Schüsseln, Kannen, Vasen, große Steine oder Gartenzwerge (s. Seite 38) dienen. Diese werden nach dem Kaschieren nicht zerstört. Einige Gegenstände kaschiert man wie Pappkegel, vorausgesetzt das Objekt lässt sich leicht herauslösen. Ist dies nicht der Fall, wie bei einem großen Stein oder Gartenzwerg, wird die Form mit einem Cutter aufgeschnitten und abgenommen.

1 Form kaschieren

1 Form in Alufolie einschlagen, gegebenenfalls mehrere kleinere Stücke aneinander setzen. Die Folie muss an der gesamten Form gut anliegen. Die Alufolie mit Wasser befeuchten, das Papier in kleine Stücke reißen

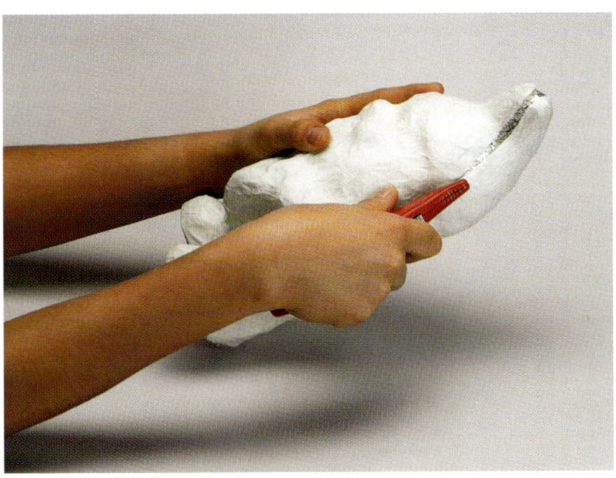

2 Form aufschneiden

und die Kleistermischung (s. Seite 16) bereitstellen. Weist die Form starke Vertiefungen oder Auswölbungen auf, werden diese mit kleinen Stücken sorgfältig kaschiert. Gut trocknen lassen.

2 Die Hohlform mit einem Cutter so aufschneiden, dass beide Hälften problemlos abnehmbar sind. Die Hälften behutsam vom Objekt lösen, wobei sich die Alufolie mit ablösen kann. Gegebenenfalls vorsichtig mit einem spitzen Gegenstand nachhelfen. In der Hohlform verbliebene Alufolie vorsichtig abziehen.

3 Form zusammensetzen

3 Die beiden Hälften mit Heißkleber zusammensetzen. Hierfür die Klebepatronen mit der Heißklebepistole, die diese direkt an der Nahtstelle schmilzt, auftragen. Die beiden Hälften vorsichtig an der Naht aneinander legen und verkleben. Der Kleber trocknet völlig transparent und sehr schnell auf. Die Klebenaht mit kleinen Papierstücken sorgfältig kaschieren. Hierfür der Kleistermischung noch etwas Holzleim zusetzen und die Papierstücke nur mäßig mit Kleister bestreichen. Nach dem Trocknen ist die Naht nicht mehr sichtbar. Beim Kaschieren auf ein Gerüst, gleich, ob aus Draht oder Weiden, wird die Form nicht wieder entfernt, sondern ist Teil der Lampe. Das Gerüst dient einerseits als Form, auf die das Papier kaschiert wird, und verleiht andererseits dem Lampenschirm seinen individuellen Charakter.

1 **Erste Fläche**

1 Lange und kurze Papierstreifen reißen, die Kleistermischung (s. Seite 16) bereitstellen. Das lange, kleisterfeuchte Papier locker von Strebe zu Strebe spannen und nach innen umschlagen. Dann kann auch mit kleineren Stücken gearbeitet werden.
Immer eine Fläche nach der anderen mit 3–4 Schichten kaschieren. Beim Kaschieren eine Hand von innen dagegen halten, mit der anderen das Papier außen auflegen und fest anmassieren.

2 **Weitere Flächen**

2 An einer kaschierten Fläche das Papier außen und innen ansetzen. Hierfür die gesamte Fläche immer feucht halten, da an den Ansatzstellen sonst Spannung entsteht und das aufgebrachte Papier sich löst. Alle Flächen immer zu Ende arbeiten. Getrocknetes Papier wird vor dem Weiterarbeiten mit Kleister angeweicht und das aufgelegte Papier gut festmassiert.

Aufgepasst: Das Papier nicht straff über das Gerüst spannen. Es sollte, wie abgebildet, ein wenig durchhängen, da das Papier beim Trocknen bis zu 20 Prozent schrumpft und die dadurch entstehende Spannung das gesamte Gerüst verziehen kann.

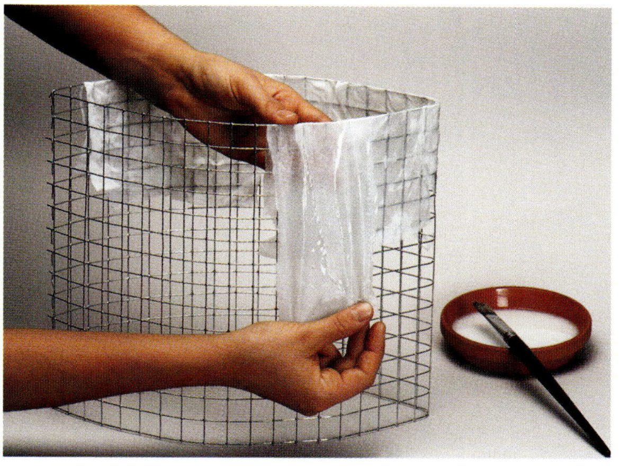

3 **Drahtgitter kaschieren**

3 Da die Zwischenräume bei Drahtgittern sehr eng sind, kann das Papier nur an der oberen oder an der unteren Kante umgeschlagen werden. Deshalb immer von oben nach unten arbeiten. Hierfür lange gerissene Papierstreifen um die Oberkante schlagen, außen und innen herunterhängen lassen, aneinander drücken und gut festmassieren. Nun abwechselnd innen und außen von oben nach unten Papierstücke aufbringen. Das gesamte Gerüst wird mit 3–4 Schichten kaschiert.

Draht biegen und verbinden

Das Arbeiten mit Draht bedarf etwas der Übung.
Das richtige Werkzeug, Zange und Seitenschneider, ist meist der Schlüssel zum Erfolg. Draht kann je nach Stärke und Härte von Hand, mit Werkzeug oder mit technischen Hilfsmitteln gebogen werden.
Der kreisförmige Durchschnitt des Drahtes gibt seine Stärke an. Je nach Werkstoff, aus dem der Draht gefertigt wurde, gibt es Stahldraht, Messingdraht, Silberdraht und einige andere Sorten.
Für den Bau von Lampen wird in diesem Buch verzinkter Eisendraht (Ø 1–2 mm) verwendet, der sich gut verarbeiten lässt. Zum Befestigen und Umwickeln von Drahtkonstruktionen benötigt man dünnen Wickeldraht, ab einem Durchmesser von 0,2 mm erhältlich, oder Bindedraht (auf einen Holzstab gewickelter Draht), mit einem Durchmesser von 0,6–0,8 mm erhältlich.
Mehr als 2 mm starker Draht lässt sich von Hand nicht mehr biegen. Ein weicher Draht dieser Stärke kann noch mit dem Seitenschneider geschnitten oder mit der Flachzange gebogen werden. Federharter Draht dagegen lässt sich dann nur noch mit einem Bolzenschneider oder einer Metallbügelsäge trennen. Schmuck- oder Elektrozangen sind für das Arbeiten mit Draht die geeigneten Werkzeuge.

1 Draht begradigen

1 Wird der Draht von der Rolle abgewickelt, ist er abhängig von der Rollengröße gebogen. Werden zum Verarbeiten gerade Stücke benötigt, kann der Draht mit den Händen gerade gebogen werden.

2 Rundungen biegen

2 Um die Rundung des Drahtes zu verstärken, wird er über die Daumen beider Hände gebogen. Wandern die Daumen mit gleichförmigem Druck den Draht entlang, entsteht ein Kreis. Ist der Draht stärker als 2 mm, lässt er sich von Hand nur schwer biegen. Mit Hilfe einer Zange oder eines entsprechend großen runden Gegenstands (s. Seite 26/27), um den der Draht gelegt wird, kann die gewünschte Rundung problemlos erzielt werden.

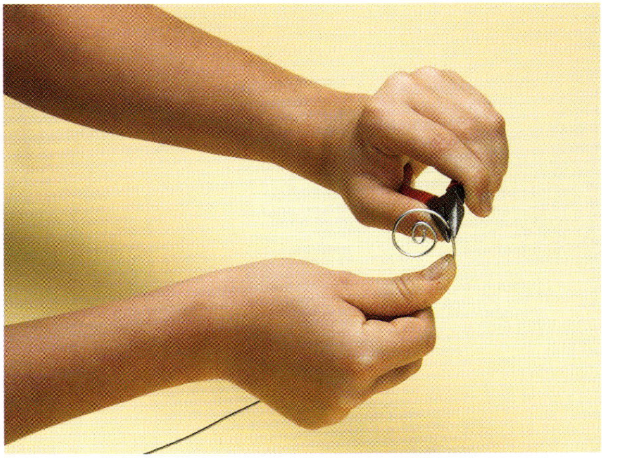

3 Spiralen biegen

3 Um Draht spiralförmig zu biegen, bedarf es einer Zange. Am besten geeignet ist eine halbrunde Flachzange oder eine Rundzange. Die Zange am Drahtende ansetzen und diesen zum Körper hin in einen kleinen, nicht ganz geschlossenen Kreis biegen. Der Daumen der Hand, die den Draht hält, hilft mit Druck beim Biegen nach. Die Zange wird so Stück für Stück am Draht entlanggeführt und der Draht spiralförmig gebogen, bis die Spirale die gewünschte Größe erreicht hat.

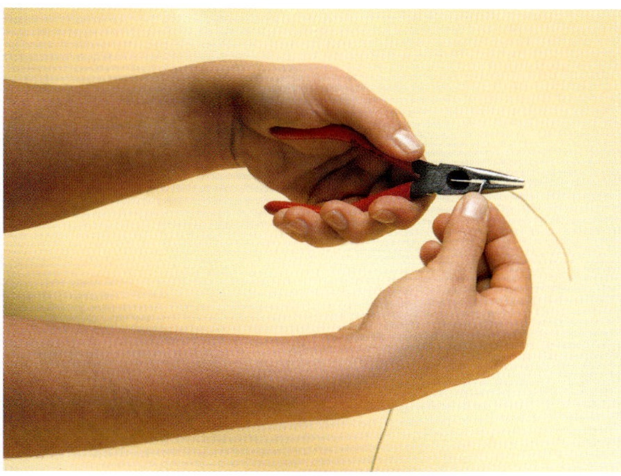

4 **Winkel biegen**

4 Winkel werden über die Kante der geschlossenen Zange in den Draht gebogen. Den Draht zwischen die Backen der Zange legen und diese schließen. Nun den Draht mit der freien Hand nach unten biegen. Auf diese Art lässt sich der Winkelpunkt genau festlegen.

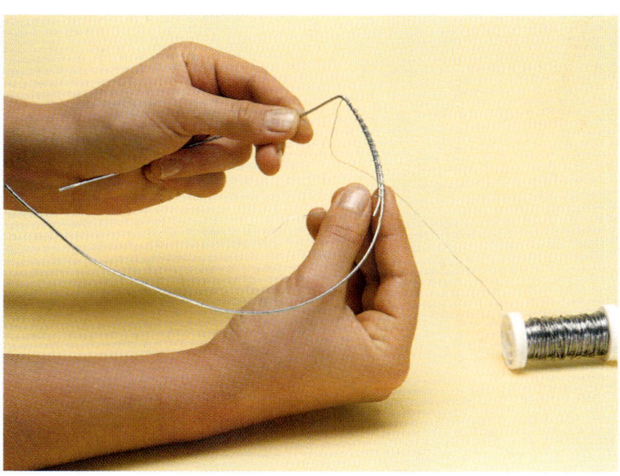

5 **Draht verbinden**

5 Um Drahtstücke zu verbinden, werden diese an den Verbindungsstellen mit Wickeldraht fest umwickelt. Für einen stabilen Halt sollten sich die Drahtstücke an der Verbindungsstelle mindestens 3 cm überlappen.

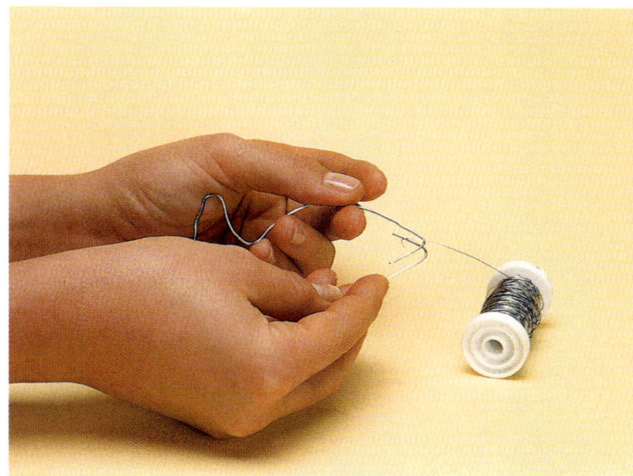

6 **Winkel verbinden**

6 Drahtstücke, die über einen Winkel angesetzt und verbunden werden, sitzen sehr fest und können nicht verschoben werden. Dennoch sollten sich für einen stabilen Halt die zu verbindenden Drahtstücke 2–3 cm überlappen. Die Verbindungsstelle (Winkelverbindung) mit Wickeldraht fest umwickeln.

Lampenschirme werden in der Regel an der Glühbirne oder mit Schraubringen an der Fassung befestigt. Hier für wird eine Lampenschirm-Halterung benötigt. Ist diese, wie bei industriell gefertigten Lampen, nicht schon vorhanden, kann sie aus Draht rasch selbst gefertigt werden. Hier werden exemplarisch zwei Möglichkeiten der Befestigung von Lampenschirmen vorgestellt.

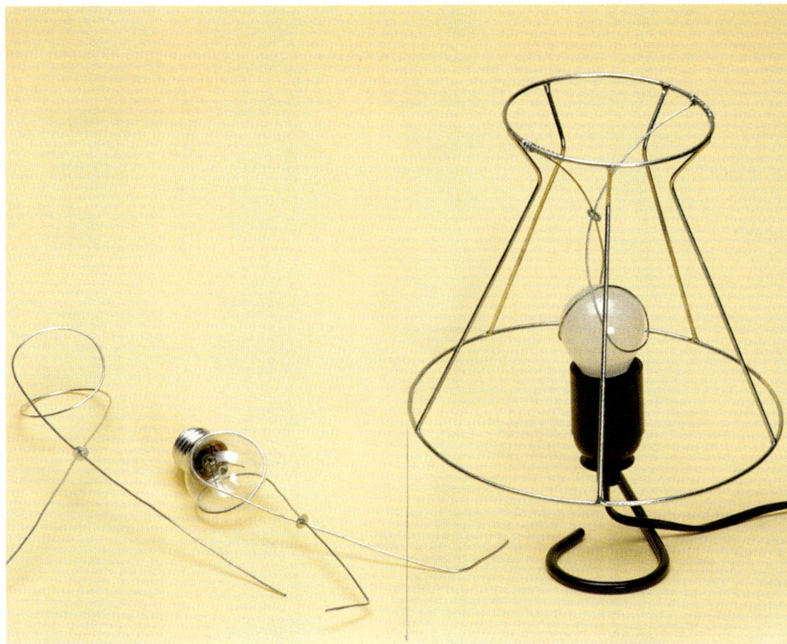

Befestigung an der Glühlampe

Der Lampenschirm wird direkt an der Glühbirne befestigt. Hierfür biegt man eine Art Klammer, die mit Wickeldraht am Schirmgerüst fixiert und dann auf die Glühbirne aufgesetzt wird. Diese Vorrichtung ist eher für kleine Lampenschirme von Tisch- und Deckenlampen geeignet, da eine Glühlampe zu große und zu schwere Schirme nicht halten kann.

Material
Draht (Ø 1,2–1,5 mm)
dünner Wickeldraht
Unterlegscheibe

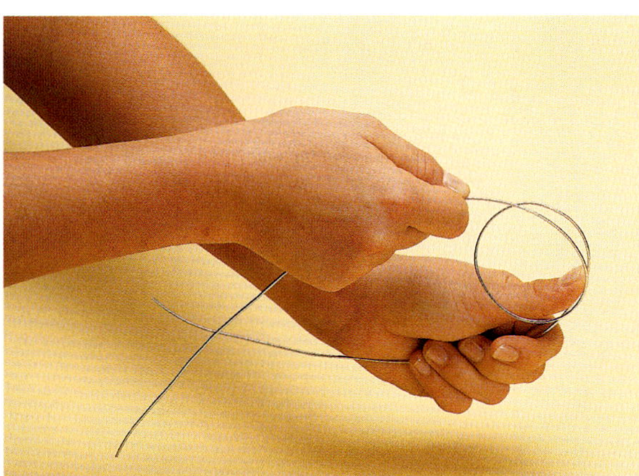

1 **Birnenklammer**

1 Für die Befestigung direkt an der Glühbirne ein langes Stück Draht in zwei aufeinander folgende Kreise in Form einer »Acht« biegen. Die Größe der Kreise wird von der Größe der Glühbirne bestimmt, die den Schirm tragen soll. Am besten die Kreise beim Biegen mit Hilfe der Glühbirne überprüfen.
Die beiden Drahtenden großzügig bemessen und abzwicken. Dann über beide eine Unterlegscheibe schieben. Die Drahtenden überkreuzen sich. Nun wird die Lampenschirm-Halterung in den Schirm eingepasst. Hierfür beide Drahtenden mindestens 3 cm rechtwinklig umbiegen. Die Drahtwinkel mit Wickeldraht so am Lampenschirmgerüst befestigen, dass die Birnenklammer sich in der Mitte des Schirms befindet.

Befestigung an der Fassung

Diese Lampenschirm-Halterung wird auf die Fassung aufgesetzt. Dabei liegt die so genannte Fassungshalterung stabil auf dem Schraubring auf oder wird zwischen zwei Schraubringen festgeklemmt.

Material

Draht (Ø 1,2–1,5 mm)
dünner Wickeldraht

1 Schirmhalterung biegen

1 Ein langes Stück Draht so um die Fassung biegen, dass zwei Kreise entstehen. Den Draht nicht zu eng anlegen, da er noch mit Wickeldraht umwickelt wird.

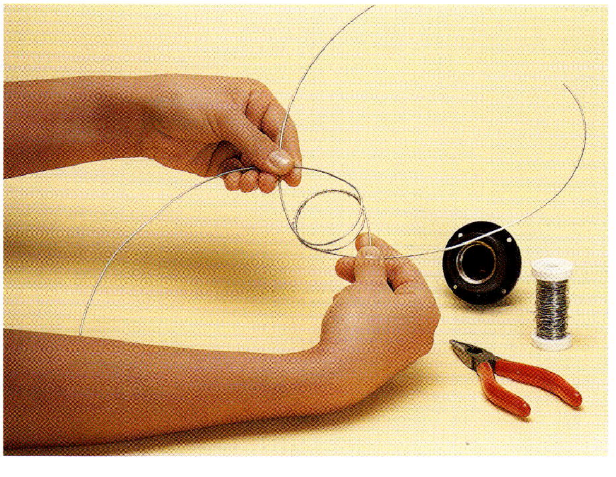

2 Schirmhalterung zusammensetzen

Den Draht wieder abnehmen und den Schraubring aufsetzen. Wichtig ist, dass der Draht auf dem Schraubring aufliegt. Die Drahtenden werden großzügig abgeschnitten. Mit einem zweiten Stück Draht eine Schlaufe biegen.

2 Für eine bessere Stabilität wird der Kreis mit dünnem Wickeldraht umwickelt. Mit dem zweiten Kreis ebenso verfahren. Die beiden Kreise so übereinander legen, dass die freien Drahtenden in entgegengesetzte Richtung zeigen. Die beiden Kreise passgenau aufeinander legen und mit Wickeldraht aufeinander fixieren.

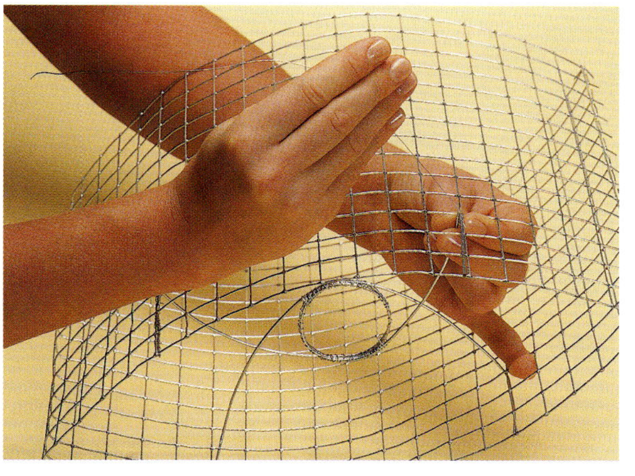

3 Schirmhalterung einpassen

3 Das Einpassen der Lampenschirm-Halterung in ein Schirmgerüst erfordert etwas Geduld. Die vier Drahtenden werden an ihrem Ende in rechte Winkel gebogen und die umgebogenen Enden mit Wickeldraht so am Lampengerüst befestigt, dass die Fassungshalterung sich in der Mitte des Schirms befindet. Dabei darauf achten, dass die Lampenfassung vom fertigen Lampenschirm verdeckt wird.

Aufgepasst: Der Abstand der Glühbirne zum Lampenschirm muss rundum mindestens 3 cm betragen, auch bei sehr niedrigen Wattzahlen.

Lampenfüße und -aufhängungen aus Draht

Entweder hängen oder stehen Lampen und in letzterem Fall benötigt sie einen oder auch mehrere Lampenfüße. Damit die Füße stabil und der Draht dennoch gut biegbar ist, empfiehlt es sich, 1,5–2 mm dicken Draht zu verwenden. Bei der Höhe darauf achten, dass die Drahtkonstruktion nicht instabil wird und leicht kippt oder die Beine nach außen spreizt. Diese Lampenfüße sind für Lampen in Kegelform (s. Seite 34) gedacht.

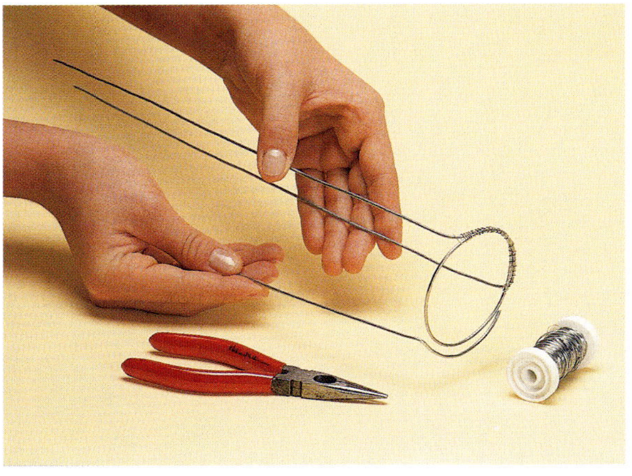

1 Lampenfuß biegen

1 Zunächst festlegen, wie viele Beine der Lampenfuß haben soll. Aus einem langen Stück Draht einen Kreis biegen. Den Kreis so weit zusammenschieben, bis die Drahtenden sich in der gewünschten Beinposition befinden. Dann die Drahtenden abwinkeln. Den Kreis an der Überlappungsstelle mit Wickeldraht umwickeln. Dann ein zweites Stück Draht in eine Rundung mit abgewinkeltem Fuß biegen. Die Rundung so an den Kreis anlegen, dass der Fuß die gewünschte Position einnimmt. Die Rundung mit Wickeldraht am Kreis befestigen.

2 Die Drahtfüße können mit Pergaminpapier kaschiert werden. Das Papier in lange schmale Streifen reißen, mit der Kleistermischung (s. Seite 16) einkleistern und um die Drahtkonstruktion wickeln. Nun ist nicht nur der Wickeldraht verdeckt, sondern auch der Draht dekorativ gestaltet. Mit farbigem Papier können Akzente gesetzt

2 Lampenfuß kaschieren

und der Lampenfuß an den Lampenschirm angepasst werden.

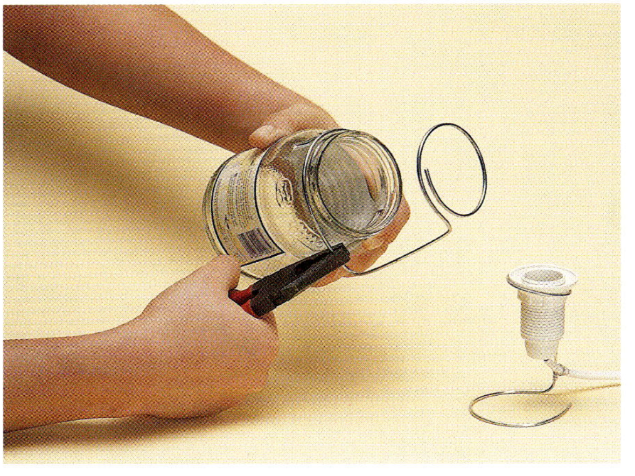

3 Drahtkreise biegen

3 Dieser Lampenfuß, bei dem ein großer Kreis einen kleineren trägt, wird aus einem langen Stück Draht gefertigt. Die Kreise können mit der Flachzange oder über entsprechend große Gläser gebogen werden. Zuerst den einen Kreis biegen, dann den Draht mit der Flachzange gerade- und zum Schluss den zweiten Kreis biegen. Dieser Fuß verbirgt sich unter der Zwergen- und Herzlampe (s. Seite 38/39, wirkt aber auch als Fuß für Kegellampen apart.

Lampenfüße

Alle hier abgebildeten Lampenfüße können auch als Fassungshalterungen für Tischlampen genutzt werden. Hierfür eine Fassung mit Schraubring in den Drahtkreis einsetzen, das Kabel mittig nach unten hängen lassen und seitlich wegführen. Nun kann ein Lampenschirm an der Glühbirne befestigt oder (s. Seite 40, Rechteckige Standlampe) darüber gestellt werden.

1 Aufhängungen Kegelleuchter

Aufgepasst: Beim Biegen der dekorativen Drahtenden muss der Draht außerhalb des Kegels gut festgehalten werden, da ansonsten das Papier einreißen oder zerdrückt werden kann.

Tipp
Sollen beide Drahtenden symmetrisch gebogen werden, kann die Form auf einem Papier aufgezeichnet als Vorlage für beide Enden dienen.

1 Diese Aufhängungen werden für Kegelleuchter (s. Seite 34) gefertigt. Zunächst ein langes Stück Draht gerade biegen. Dann den Draht in der Mitte abwinkeln. Anschließend beide Drahtenden um etwa 45° abwinkeln und auf gegenüberliegenden Seiten durch den Lampenkegel stechen. Nun können die Enden in die gewünschte Form wie Spiralen, Zacken oder fantasievolle andere Formen gebogen werden.

Weiden verarbeiten

Korbweide ist ein Strauch oder ein bis 10 m hoher Baum mit biegsamen gelblichen Zweigen, die zum Korbflechten und für Weidenkonstruktionen verwendet werden. Weidenruten, auch Weiden genannt, sind von verschiedenartiger Färbung, unterschiedlicher Länge und Dicke. In trockenem Zustand brechen die spröden Weiden leicht und lassen sich nicht biegen. Weidenruten sind mit und ohne Rinde erhältlich. Weiden mit Rinde müssen mehrere Tage in Wasser eingeweicht werden, bis sie sich biegen lassen. Einfacher zu verarbeiten sind Weiden ohne Rinde. Es reicht, sie 2–3 Stunden in eine mit Wasser halb gefüllte Badewanne zu legen. Damit sie nicht aufschwimmen, beschwert man die Ruten mit Steinen oder wickelt sie in ein altes Leinentuch. In Tuch gewickelt werden auch die meist hochragenden Spitzen feucht gehalten. Die Weiden werden erst kurz vor ihrer Verarbeitung aus dem Wasser herausgenommen, da sie rasch trocknen.

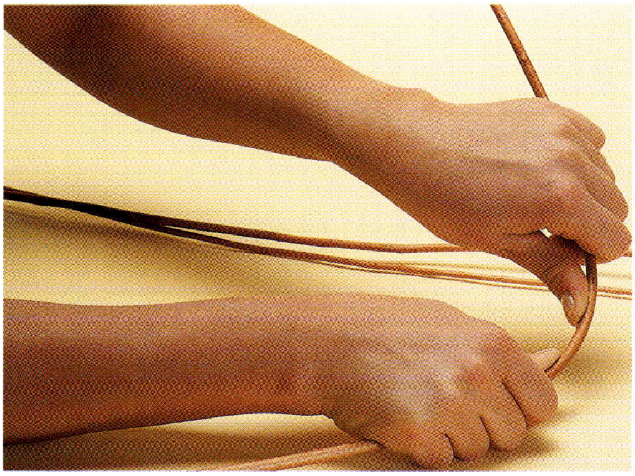

1 **Weiden biegen**

1 Weiden, die ausreichend lange eingeweicht waren, können problemlos gebogen werden. Dennoch sollte man behutsam vorgehen. Über die Daumen beider Hände gebogen, können Weiden in die gewünschte gerundete Form gebracht werden. Wandern die Daumen mit gleichförmigem Druck die Ruten entlang, entsteht ein Kreis.

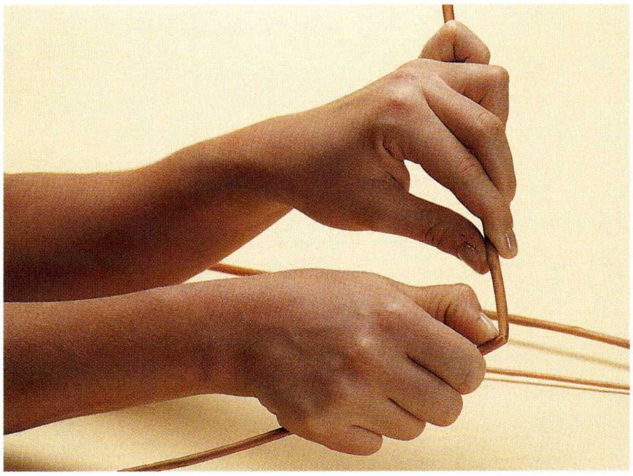

2 **Weiden knicken**

2 Für manche Konstruktionen müssen die Weidenruten geknickt werden. Hierfür ist es besonders wichtig, dass sie gut eingeweicht wurden. Am besten die Ruten etwas länger im Wasser lassen. Die Weiden werden über die Daumenkuppe geknickt, wobei der Daumennagel in die Rinde drückt. Langsam und behutsam vorgehen, damit sie nicht brechen.

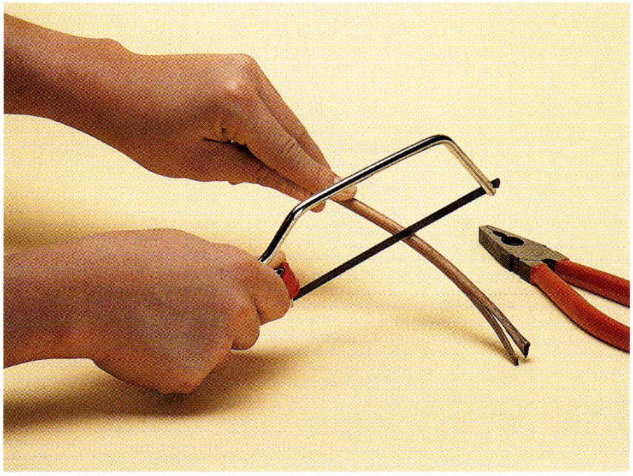

3 **Weiden durchtrennen**

3 Dicke und unschöne Endstücke werden in der Regel mit einer kleinen Handsäge abgeschnitten. Weiden können auch mit einer stabilen Zange oder einer Gartenschere geschnitten werden.

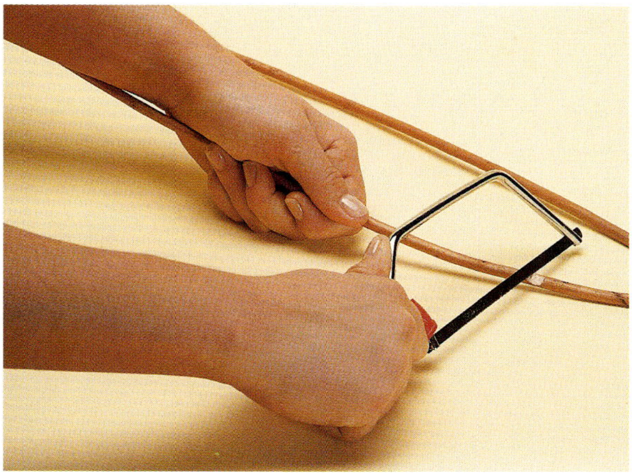

4 Weiden einschneiden

4 Um zwischen zwei Weidenruten eine stabile Verbindung herzustellen, wird in eine Weidenrute eine kleine Mulde gesägt oder mit dem Messer geschnitten. Gibt man etwas Holzleim in die Mulde, verstärkt dies den Halt. Dann die zweite Weidenrute in die Vertiefung legen und die Verbindung mit Schnur fixieren.

5 Weiden verstärken

5 Die Weiden sind natürlich gewachsen, weswegen sie auf einer Seite viel dicker als auf der dünn ausgewachsenen anderen Seite sind. Damit in einer Weidenkonstruktion keine dünnen, anfälligen Stellen entstehen, werden alle Stücke, die dünner als ein Durchmesser von 4 mm sind, abgeschnitten. Sind die Weiden nun zu kurz, werden sie aneinander gesetzt – dünnes Stück an dickes Stück – und die Verbindungsstellen mit dünnem Wickeldraht oder Schnur fest umwickelt. So werden auch Kreise aus Weiden gebunden.

6 Weiden verbinden

6 Dünne Paketschnur aus Hanf- oder Flachsfasern eignet sich hervorragend zum Binden von Weidenruten. Die Schnur wird in der Kleistermischung (s. Seite 16) gut angefeuchtet und für einen stabilen Halt mehrfach fest um die Verbindungsstelle gebunden und verknotet. Für eine noch größere Festigkeit kann die Schnur nach dem Verknoten mit Holzleim bestrichen werden. Anstelle der Schnur kann auch Wickeldraht oder Papierklebeband verwendet werden.

Drahtgitterleuchte

Schnell gefertigt, sind diese Leuchter ein Erfolg bei der nächsten Garten- oder Balkonparty und tauchen das fröhliche Geschehen in ein romantisches Licht.

Material

Verzinktes Karodrahtgewebe (Karogröße 1,2 mm)
Seidenpapier/Strohseide
Teelichter

Mit dem Seitenschneider ein Rechteck aus dem Drahtgitter schneiden. Dabei die Drahtenden bis zum nächsten Kreuzpunkt stehen lassen. Aus dem Papier ein Rechteck, ein Karo länger und breiter als das Rechteck aus Draht, schneiden. Biegen Sie nun das Drahtgitter behutsam zu einem rechteckigen Quader oder einem Kreis. Die Drahtenden zu kleinen Haken biegen, damit das Drahtgitter schließen und mit der Flachzange gut festdrücken. An der Oberkante biegen Sie die Drahtenden nach innen.

Das Papier um das Gitter legen und an der Seite mit einem Klebestift verkleben. Das überstehende Papier an der oberen Kante nach innen umschlagen und festkleben.

Luminarias

Diese Idee stammt von einer Freundin aus Texas. Dort werden zu Weihnachten auf dem Land und in den Kleinstädten die Wege vom Gartentor zur Haustüre mit diesen schlichten Kerzenleuchtern beleuchtet.

Material

Frühstückstüten
Sand
kleines Weckglas/Schraubglas
Teelichter

Füllen Sie den Sand in die Tüte; zünden Sie das Teelicht an und drücken Sie es vorsichtig in den Sand. Fertig!

Aufgepasst: Kerzen nie unbeaufsichtigt brennen lassen.

Tipp
Anstatt des Sandes kann auch ein Glas verwendet werden. Hier wurden ein kleines Einweckglas und ein Honigglas in die Tüten gestellt. Die Schrift und das Emblem auf dem Glas zeichnet sich durch die Beleuchtung als Schatten von innen auf der Tüte ab.
Die Tüten können zusätzlich bemalt oder mit einer Nadel so perforiert werden, dass ein leuchtendes Lochmuster entsteht.

Frühstückstüten-Kette

Eine Lichterkette findet sich womöglich im Haushalt und vielleicht sind in der Küche auch noch Frühstückstüten aus Papier. Dann fehlt nur noch eine Rolle Wickeldraht und schon kann es losgehen.

Material
Frühstückstüten
dünner Wickeldraht
Lichterkette

Um die Tüten in die abgebildete bauchige Form zu bringen, blasen Sie diese einfach auf. Die bauchige Tüte wird dann über ein Lämpchen der Lichterkette gestülpt und mit Wickeldraht hinter dem Lämpchen festgebunden. Achten Sie darauf, dass die Lämpchen so tief in der Papiertüte stecken, dass sie an diese nicht heranreichen und die Tüte nicht heiß werden kann.

Einfache Deckenlampe

Die Idee ist so bezaubernd wie die Fertigung einfach. Das Papier zuerst gegen das Licht halten, um zu sehen, wie transparent es ist. Schlichtes Packpapier wirkt als Lampenschirm auch sehr apart.

Material

dicke Pappe
Strohseide DADA/PRINT
Doppelklebeband
E 27-Fassung mit Schraubring
Deckenkabel
Tropfen-Glühbirne (max. 60 Watt)

Mit dem Zirkel auf die Pappe einen Kreis (Ø 9 cm) und in diesen einen kleinen Kreis (Ø E 27-Fassung) zeichnen. Den großen Kreis ausschneiden, bis zur Kreismitte einschneiden und dann den kleinen Kreis ausschneiden. Diese Papprosette (s. Materialfoto S. 13) dient als Abstandshalterung. Auf die Fassung aufgesetzt hält sie das Papier zur Glühbirne auf Abstand.
Das Papier (50 x 35 cm) zuschneiden und schräg um das Kabel und die Fassung mit der Abstandshalterung legen. Fixieren Sie das Papier mit Doppelklebeband.

Kegelleuchter

Diese Kegel erstrahlen durch das Teelicht in ihrem Inneren. Sie sind eine stimmungsvolle Fensterbeleuchtung, wirken aber auch an der Wand sehr schön, an der sich der Leuchtkegel im Dunklen abzeichnet.

Material

dünne Pappe
Pergaminpapiere Bunt, Weiß
Teelichthalter aus Glas
Teelichter
Draht (Ø 1,2–1,5 mm)
Schnur/Samenkapseln Silberling
matter Acryllack

Techniken

Pappkegel fertigen	(s. S. 17)
Kleistermischung	(s. S. 16)
Kaschieren auf Pappkonstruktionen	(s. S. 18)
Gips gießen	(s. S. 16)
Draht biegen	(s. S. 23)
Aufhängungen	(s. S. 27)

Zunächst einen Pappkegel (etwa 15–18 cm hoch, Ø 10–13 cm) fertigen. Den Kegel mit Alufolie ummanteln und die Kleistermischung bereitstellen.
Kaschieren Sie nun den Pappkegel mit drei Schichten Papier. Nach der zweiten Schicht können die Samenkapseln der Silberlinge mit Kleister angeklebt und dann mit der dritten Schicht Papier überkaschiert werden. Die durch den Kleister gezogene Schnur wird nach der zweiten Schicht von oben nach unten um den Kegel gewickelt und abschließend mit der dritten Schicht Papier kaschiert. Auf diese Art können Sie die unterschiedlichsten Materialien wie Blüten, Blätter, Gras, Konfetti, Metallfolie in den Kegel einarbeiten. Darauf achten, dass die Kegelspitze und der untere Kegelrand mit mindestens drei Papierschichten kaschiert sind. Das Ganze gut trocknen lassen.
Nach dem Abnehmen des Papierkegels kann dieser wahlweise innen und außen mit mattem Acryllack besprüht oder bestrichen werden. Für die Befestigung der Teelichthalterung den Modellgips anrühren und in den Kegel gießen. Die Teelichthalterung einsetzen.

Ein Stück Draht, vier- bis fünfmal so lang wie der Kegel, in der Mitte mit der Zange umbiegen. Beide Drahtenden werden nun etwa 5–15 cm lang in einem 45°-Winkel nach oben gebogen. Die abgebogenen Drahtenden auf gegenüberliegenden Seiten durch den oberen Rand des Lampenkegels stechen. Nun können die Enden in die gewünschte Form wie Spiralen oder Zacken gebogen werden. Beim Biegen den Draht außerhalb des Kegels gut festhalten, da ansonsten das Papier einreißen oder zerdrückt werden kann.
Der Kegel ist auch als Tischlampe auf Drahtfüßen ein schmucker Leuchtkörper.

Tipp
Die Kegel können mit Brandschutzspray eingesprüht werden.

Tischkegellampe

Durch das gelbe Papier erzeugt der nach oben abstrahlende Schein eine warme, stimmungsvolle Atmosphäre. Hier möchte man in Ruhe verweilen.

Material
dünne Pappe
Pergaminpapier Weiß, Gelb
verzinkter Draht (Ø 2 mm)
dünner Wickeldraht
E 14-Fassung mit Schraubring
Eurokabel mit Schalter und Stecker
Kerzen-Glühbirne (max. 40 Watt)

Techniken

Pappkegel fertigen	(s. S. 17)
Kleistermischung	(s. S. 16)
Kaschieren auf Pappkonstruktionen	(s. S. 18)
Lampenfüße aus Draht	(s. S. 26)

Zunächst einen Pappkegel (etwa 25 cm hoch, Ø 15 cm) fertigen. Den Kegel mit Alufolie ummanteln und die Kleistermischung bereitstellen. Der Kegel wird mit drei Schichten Pergaminpapier, zuerst Gelb, dann Weiß und zuletzt Gelb, kaschiert. Den Kegel gut trocknen lassen und dann abnehmen.
Als Lampenfuß wird ein dreibeiniges Drahtgerüst gefertigt und mit weißem Pergaminpapier kaschiert. Die Spitze der Kegelform mit dem Cutter so abschneiden, dass durch die Öffnung ein Kabel hindurchgeführt werden kann. Das Kabel durch die Spitze des Kegels ziehen und mit der Fassung verbinden. Dann den Schraubring als Abstandshalter so aufsetzen, dass er möglichst tief sitzt. Nun die Glühbirne einschrauben und den Kegel auf die Drahtfüße setzen.
Aufgepasst: Darauf achten, dass der Abstand von Glühbirne zum Papierkegel rundum mindestens 3 cm beträgt.

Tipp
Diese Kegellampe kann – ohne Lampenfüße – auch als Deckenlampe verwendet werden.

Tonkinstehlampe

Farbe und Form der Lampe verbreiten ein afrikanisch anmutendes Flair. Die Lampe kann je nach Länge der Stäbe als Tisch- oder Stehlampe verwendet werden.

Material
dünne Pappe
Pergaminpapier Weiß
Strohseide Curry
6 Tonkinstäbe
Schnur
Bast
E 27-Fassung mit Schraubring
Eurokabel mit Schalter und Stecker
kleine Tropfen-Glühbirne (max. 60 Watt)

Techniken

Pappkegel fertigen	(s. S. 17)
Kleistermischung	(s. S. 16)
Kaschieren auf Pappkonstruktionen	(s. S. 18)

Zunächst einen Pappkegel (etwa 30 cm hoch, Ø 20 cm) fertigen. Den Kegel mit Alufolie ummanteln und die Kleistermischung bereitstellen. Den Kegel mit 3–4 Schichten weißem Pergaminpapier kaschieren. Darauf die in Stücke gerissene Strohseide legen und mit dem Pinsel einkleistern. Lassen Sie den Kegel gut trocknen und nehmen ihn dann ab. Die Tonkinstäbe zu einem Bündel zusammenfassen und etwa in der Mitte mit einer durch den Kleister gezogenen Schnur mehrmals fest umwickeln. Verknoten Sie nun die Schnur gut und bringen Sie die Stäbe wie abgebildet in Position. Dabei darauf achten, dass in der Mitte der Stäbe ein Hohlraum für das Kabel bleibt. Zum Schluss wird die Stelle, an der die Stäbe sich überkreuzen, mit eingekleisterten Baststücken umwickelt. Ziehen Sie das Kabel durch den Hohlraum zwischen den Stäben nach unten. Mit dem Cutter die Spitze des Kegels so abschneiden, dass das Kabel hindurchgeführt werden kann. Den Kegel in die Stäbe setzen und das Kabel durchführen. Dann die Fassung befestigen, den Schraubring aufsetzen, der hier als Abstandshalter dient, und die Glühbirne einschrauben.

Gartenzwerglampe

Humorig und pfiffig zugleich – ein leuchtender Zwerg. Diese Lampe fällt nicht nur im Kinderzimmer auf und bleibt sicher nicht lange alleine.

Material

Gartenzwerg
Pergaminpapier Weiß
Draht (Ø 1,5–2 mm)
E 14-Fassung mit Schraubring
Eurokabel mit Schalter und Stecker
gelbes Lichterkettenlämpchen

Techniken

Kaschieren auf feste Formen	(s. S. 20)
Kleistermischung	(s. S. 16)
Lampenfüße aus Draht	(s. S. 26)

Den Gartenzwerg mit Alufolie gut ummanteln und mit Pergaminpapier kaschieren; die Standfläche nicht kaschieren. Die Form gut trocknen lassen, mit dem Cutter aufschneiden und ablösen. Aus Draht einen Fuß für eine E 14-Fassung biegen. Die Fassung mit dem Kabel einsetzen und den Zwerg darüber stellen. Auf einen stabilen Stand achten und gegebenenfalls am Untergrund festkleben Der Fuß sollte so in dem Zwerg stehen, dass das Lämpchen nicht an den Zwerg heranreicht.
Aufgepasst: Aus einer geschlossenen Form kann sich erwärmende Luft nicht entweichen, deshalb nur Glühlampen mit max. 25 Watt einsetzen.

Herzlampe

Lasst Herzen leuchten! Der rote Lichtschein dieses »Herzchens« verbreitet kuschlige Stimmung, von der man sich anstecken lassen kann.

Material
Herzluftballon
Pergaminpapier Rot, Gelb
Draht (Ø 1,5–2 mm)
E 14-Fassung mit Schraubring
Eurokabel mit Schalter und Stecker
kleine Tropfen-Glühbirne (25 Watt)
dicke Pappe
Kunstfell Orange

Techniken

Kaschieren auf Luftballons	(s. S. 19)
Kleistermischung	(s. S. 16)
Lampenfüße aus Draht	(s. S. 26)

Den Herzballon aufblasen und mit Pergaminpapier, zwei Lagen Gelb und eine Rot, kaschieren. Das Loch im Papierherz so groß schneiden, dass eine kleine Tropfen-Glühbirne hindurchpasst.
Mit dem Zirkel auf die Pappe einen Kreis (Ø 9 cm) und in diesen einen kleinen Kreis (Ø E 14-Fassung) zeichnen. Den großen Kreis ausschneiden, einschneiden bis zur Kreismitte und den kleinen Kreis ausschneiden. Auf diese Papprosette (s. Materialfoto S. 13) wird das Herz aufgesetzt und das Fell festgeklebt.
Aus Draht einen Fuß für eine E 14-Fassung biegen. In diesem mit zwei Schraubringen die Fassung befestigen, die Papierrosette oberhalb des Schraubringes auf die Fassung setzen, die Glühbirne in die Fassung schrauben und das Papierherz auf die Rosette aufsetzen. Für eine größere Stabilität kann das Herz mit doppelseitigem Klebeband auf dem Ring fixiert werden.
Aufgepasst: Aus einer geschlossenen Form kann sich erwärmende Luft nicht entweichen, deshalb nur Glühlampen mit max. 25 Watt einsetzen.

Gitterlampen

Dekorative Gitterlampen wirken eher sachlich und können ein nüchternes Raumambiente schaffen.

Material
verzinktes Karodrahtgewebe
 (Karogröße 1,9 cm)
verzinkter Draht (Ø 1,2–1,5 mm)
dünner Wickeldraht
weißes Seidenpapier
vorgefertigter Lampenfuß
Glühbirne (40 Watt)

Strohseide Anthrazit
E 27-Fassung mit Schraubring
Eurokabel mit Schalter und Stecker
Glühbirne (bis 75 Watt)

Techniken

Lampenschirm-Halterung	(s. S. 24)
Kleistermischung	(s. S. 16)
Kaschieren auf Gerüste	(s. S. 21)

Lampe mit Fuß

Ein Rechteck (21 x 71 cm) aus Drahtgitter zuschneiden. Die Drahtenden bis zum nächsten Kreuzpunkt stehen lassen. Falten Sie dann das rechteckige Drahtgitter in der Mitte und drücken Sie den Falz mit der Flachzange zusammen.
Auf der offenen Seite die Drahtenden zu kleinen Haken biegen, damit das Drahtgitter schließen und mit der Flachzange gut festdrücken.
Die Drahtenden an den Längsseiten nach innen biegen. Drücken Sie nun das Gitter mit den Händen in eine bauchige Form (31 x 17 cm).

Rechteckige Standlampe

Schneiden Sie ein Rechteck (40 x 76 cm) aus Drahtgitter zu. Das Drahtgitter behutsam zu einem rechteckigen Quader falten und die offene Seite wie oben beschrieben verbinden. Mit dem Seitenschneider auf der Vorder- und Rückseite je zwei Quadrate (6 x 6 Karos) herausschneiden.
Die Lampenschirm-Halterung für die Glühbirne biegen und einpassen. Achten Sie beim Einpassen in das Drahtgerüst darauf, dass die Lampenfassung in der fertigen Lampe nicht zu sehen ist (s. Abb.). Einen vorgefertigten Lampenfuß verwenden. Bei der rechteckigen Standlampe die Halterung ca. 4–5 Karos vom unteren Rand einpassen oder einen kleinen Lampenfuß darunter stellen.
Die Gitterkonstruktionen mit weißem Seidenpapier, das sich leicht an die engmaschigen Gitter anschmiegt, kaschieren. Es empfiehlt sich mit dem Pinsel zu arbeiten.
Die ausgeschnittenen und kaschierten Quadrate der Standlampe mit über eine Tischkante gerissener anthrazitfarbener Strohseide bekleben.

Märchenhafte Lampe

Schwungvoll erstrahlt die Lampe in märchenhaftem Licht. Wie ein Zauber wirkt die Farbe: Weiß ist der Schirm und feuerrot der Lichtschein.

Material

Draht (Ø ca. 1,5 mm)
dünner Wickeldraht
Pergaminpapier Weiß
E 14-Fassung mit Schraubring
Eurokabel mit Schalter und Stecker
rote Tropfen-Glühbirne
(40 Watt)

Techniken

Draht biegen und verbinden	(s. S. 22)
Lampenfüße aus Draht	(s. S. 26)
Lampenschirm-Halterung	(s. S. 24)
Kleistermischung	(s. S. 16)
Kaschieren auf Gerüste	(s. S. 21)

Den Draht in sechs Stücke (60–70 cm) schneiden. Die sechs Drahtstücke an einem Ende zusammenfassen und fest mit Wickeldraht umwickeln. Das umwickelte Stück wird die Lampenspitze.
Ein Drahtstück (70–80 cm) zu einem Kreis oder einer Ellipse biegen und die Verbindungsstelle (mindestens 3 cm) mit Wickeldraht umwickeln. Die freien Enden des Drahtbündels ca. 5 cm anwinkeln, an den Drahtkreis anlegen und mit Wickeldraht gut festbinden. Damit die Lampe ihren charakteristischen Schwung erhält, den Kreis oder die Ellipse etwas aus der Form biegen. Den Wickeldraht als Querstreben des Gerüsts von einer Längsstrebe zur nächsten führen und dabei ein- bis zweimal um die Strebe winden.
Schneiden Sie für die vier Lampenfüße zwei Drahtstücke (40–50 cm). Beide Stücke so an den Kreis ansetzen und mit Wickeldraht befestigen, dass deren Enden rechts und links jeweils ca. 15–20 cm überstehen. Diese Enden biegen Sie nun im rechten Winkel ab und die Spitzen zu Spiralen.
Darauf achten, dass das Drahtgerüst stabil steht. Durch Aus- und Eindrehen der Spiralen können Sie die Höhe des Lampenfußes regulieren.
Die Lampenschirm-Halterung am Drahtkreis ansetzen und nach oben ins Innere der Drahtkonstruktion biegen, sodass die Fassung in der fertigen Lampe nicht zu sehen ist.
Das Drahtgerüst wird nun mit 2–3 Schichten weißem Pergaminpapier kaschiert. Gut trocknen lassen.
Nach dem Trocknen die Fassung mit dem Kabel einsetzen und die rote Glühbirne einschrauben.
Aufgepasst: Darauf achten, dass der Abstand von Glühbirne zum Lampenschirm rundum mindestens 3 cm beträgt. Aus einer geschlossenen Form kann sich erwärmende Luft nicht entweichen, deshalb nur Glühlampen mit max. 40 Watt einsetzen.

Elegante Tischlampe

Schlicht und dekorativ zugleich. Für Weidengerüste bieten sich einfache, klassische Formen wie diese »Schiffform« an.

Material

Weiden
Draht (Ø 1,5 mm)
dünner Wickeldraht
Pergaminpapier Weiß
vorgefertigter Lampenfuß
Glühbirne (bis 60 Watt)

Techniken

Weiden verarbeiten	(s. S. 28/29)
Lampenschirm-Halterung	(s. S. 24)
Kleistermischung	(s. S. 16)
Kaschieren auf Gerüste	(s. S. 21)

Die Weiden etwa 2–3 Stunden einweichen. Für den unteren Lampenrand zwei Weiden (Längsstreben) in Form einer Ellipse flach auflegen und an beiden Seiten mit Schnur fest zusammenbinden. Dann eine Weidenrute (Längsstrebe) von einer Ellipsenspitze zur anderen anbringen und mit Schnur befestigen. Nun die drei Querstreben anbringen. Dazu die Weiden in der Mitte vorsichtig knicken und über die Längsstrebe binden.
Die Form muss weit heruntergezogen sein, um Fassung und Glühbirne mit einem Sicherheitsabstand (mindestens 5 cm) zum Lampenschirm aufzunehmen. Die Lampenschirm-Halterung aus Draht biegen und mit dünnem Wickeldraht ansetzen.
Mit weißem Pergaminpapier die einzelnen Flächen kaschieren. Das Papier beim Kaschieren nicht zu straff über das Gerüst spannen, da es beim Trocknen schrumpft.
Für das Kaschieren benötigt man ca. 2 Stunden.

Aufgepasst: Unbedingt darauf achten, dass der Schirm recht tief ist, damit der Abstand von Glühbirne zu Papier mindestens 5 cm beträgt.

Klassische Hängelampe

Ein Klassiker unter den Lampenformen – die Deckenlampe aus Weiden. Hier wahlweise mit Pergaminpapier und Naturmaterial kaschiert.

Material
Weiden
Pergaminpapier Gelb, Weiß
trockenes Gras (Ostergras)
E 27-Fassung mit Schraubring
Deckenkabel
Glühbirne (bis 100 Watt)

Techniken

Weiden verarbeiten	(s. S. 28/29)
Kleistermischung	(s. S. 16)
Kaschieren auf Gerüste	(s. S. 21)

Die Weiden mindestens drei Stunden einweichen, damit sie nicht brechen, wenn sie zum Kreis gebogen werden. Aus drei Ruten drei unterschiedlich große Kreise herstellen.
Die Längsstreben ansetzen und mit den Kreisen verbinden. Die Öffnung oben soll nur so groß sein, dass die Fassung mit Schraubring nicht durchrutscht.

Die erste Schicht mit gelbem und die zweite mit weißem Pergaminpapier kaschieren. Darauf wird das Gras mit Kleister angebracht und mit einer Schicht weißem Pergaminpapier kaschiert.

Bei dieser Lampe können Glühbirnen mit höherer Wattzahl eingesetzt werden, da sie nach oben hin offen ist und die sich erwärmende Luft entweichen kann.

Orientalische Stehlampe

Einen Hauch von asiatischer Gelassenheit, Ruhe und Harmonie verströmt diese Lampe. Lassen Sie sich in ihren Bann ziehen.

Da die Weidenruten nicht gebogen werden, brauchen sie nur kurz, sind sie jedoch krumm gewachsen, sollten sie vor dem Geradebiegen 1–2 Stunden eingeweicht werden. Mit den Querstreben beginnen. Mit den Weiden drei gleich große Dreiecke legen und mit Schnur verbinden. Dann die Längsstreben an den Querstreben anbringen. Dabei auf einen annähernd gleichen Abstand der Querstreben zueinander achten. Die Lampenschirm-Halterung aus Draht biegen und mit dünnem Wickeldraht ansetzen. Für einen festeren Halt die Fassung eventuell mit zwei Schraubringen an der Halterung befestigen.
Mit weißem Pergaminpapier die einzelnen Flächen kaschieren.
Das Papier beim Kaschieren nicht zu straff über das Gerüst spannen, da es beim Trocknen schrumpft.

Material
Weide
Pergaminpapier Weiß
verzinkter Draht (Ø ca. 1,5 mm)
E 14-Fassung mit Schraubring
Eurokabel mit Schalter und Schalter
Glühbirne (bis 75 Watt)

Techniken

Weiden verarbeiten	(s. S. 28/29)
Lampenschirm-Halterung	(s. S. 24)
Kleistermischung	(s. S. 16)
Kaschieren auf Gerüste	(s. S. 21)

Blattförmige Wandlampe

Eine klassische Form für die Wand. Die schräg angesetzten Querstreben lassen den Lampenschirm fast wie ein schön geädertes Blatt erscheinen.

Das Weidengerüst wird wie die Weidentischlampe (s. Seite 44) gefertigt, nur die Querstreben werden etwas schräger angesetzt.
In die Mitte eines Drahtstücks eine Schlaufe biegen. Dann die Enden ca. 5 cm abwinkeln, an die Längsstreben anlegen und mit Wickeldraht gut festbinden. Dies dient als einfache Wandaufhängung.
Mit weißem Pergaminpapier die einzelnen Flächen kaschieren. Das Papier beim Kaschieren nicht zu straff über das Gerüst spannen, da es beim Trocknen schrumpft. Für das Kaschieren benötigt man ca. 2–3 Stunden.
Die Linienlampe entweder mit einer Lüsterklemme mit dem Eurokabel verbinden oder direkt von einem Fachmann an der Wand anschließen lassen. Den Weidenschirm mit einem größeren Nagel darüber hängen.

Material

Weiden
verzinkter Draht (Ø ca. 1,5 mm)
Pergaminpapier Weiß
Linienlampe (30 oder 60 Watt)
Eurokabel mit Schalter und Stecker/ Wandanschluss

Techniken

Weiden verarbeiten	(s. S. 28/29)
Draht biegen und verbinden	(s. S. 22)
Kleistermischung	(s. S. 16)
Kaschieren auf Gerüste	(s. S. 21)

Flacher Raumhänger

Ein Blickfang für Raumecken. Das flächige, diffuse Licht taucht den Raum in eine ruhige Atmosphäre, aus der man sich nur schwer lösen kann. Auch als Raumteiler ein schmuckes Stück.

Material

Mülltüte/Plastikfolie
Pergaminpapier, Weiß
Weidenspitzen
2 verchromte Allzweckklammern
Nylonschnur
Linienlampe (60 Watt)
Eurokabel mit Schalter und Stecker/ Wandanschluss

Techniken

Kleistermischung	(s. S. 16)
Kaschieren auf Gerüste	(s. S. 21)
Weiden verarbeiten	(s. S. 28/29)

Die Mülltüte auf dem Tisch ausbreiten und an den Kanten mit Papierklebeband fixieren. Die Weidenspitzen einweichen. Die Mülltüte befeuchten und die Kleistermischung bereitstellen. Das Pergaminpapier in handgroße Stücke reißen, auf einer Seite einkleistern und mit der nicht gekleisterten Seite auf die befeuchtete Mülltüte legen. Nun ordnen Sie die Papierstücke so an, dass die geraden Außenkanten des Papiers zu den Außenkanten des Raumhängers (hier: 100 x 50 cm) werden. Zwei Schichten Pergaminpapier kaschieren. Massieren Sie hierfür das Papier richtig fest mit der Kleistermischung ein und streichen Sie die eingeschlossenen Luftblasen heraus.
Dann die Weidenspitzen (s. Abb.) auf der Papierfläche dekorativ anordnen. Anstelle der Weide können Sie nach Belieben auch andere Materialien einarbeiten.
Die Weide wird mit 1–2 Schichten Pergaminpapier kaschiert.
Mit einem Schwamm lässt sich das Papier gut an die Weide anschmiegen. Der Raumhänger trocknet nur sehr langsam. Der Trockenvorgang kann mit Hilfe eines Föhns beschleunigt werden. Dabei die ganze Fläche gleichmäßig föhnen, da sonst an lange geföhnten Stellen Verwerfungen auftreten.
Beschweren Sie für den Trockenvorgang den Raumhänger an mehreren Stellen mit Gewichten, insbesondere an den Ecken, damit er durch die beim Trocknen entstehende Spannung nicht aus der Form gerät. Leichte Verwerfungen sind durchaus erwünscht – sie geben dem Ganzen einen lebendigen Charakter.
Der flache Raumhänger wird mit Nylonschnur an der Wand an- oder von der Decke herabgehängt. Die Linienlampe entweder mit einer Lüsterklemme mit dem Eurokabel verbinden oder direkt von einem Fachmann an der Wand anschließen lassen.

Lichterketten

Bewährt und nicht nur auf Partys gern gesehen: Lichterketten, die geschwungen von Ast zu Ast, am Balkongeländer oder an einer Wand entlang farbenfroh leuchten.

Material

Rote Lichterkette:
Lichterkette
Luftballons
Pergaminpapier Rot, Orange
dünner Wickeldraht

Gelbe Tüllkegelkette:
Lichterkette
Pergaminpapier Weiß, Gelb
Tüllreste
dünner Wickeldraht

Techniken

Kleistermischung	(s. S. 16)
Kaschieren auf Luftballons	(s. S. 19)
Pappkegel fertigen	(s. S. 17)

Rote Lichterkette

Die Luftballons nur ein wenig aufblasen und verknoten. Für den roten Schein werden insgesamt drei Schichten kaschiert: Orangefarben, Rot und Orangefarben. Um die interessante Oberflächenstruktur zu erzielen, werden größere Papierstücke faltig kaschiert und die Falten fest anmassiert. Kaschieren Sie den Ballon möglichst vollständig. Es verbleibt nur ein kleines Loch im Papierschirm.
Aufgepasst: Nicht mehr als drei Schichten kaschieren, da sonst das schwache Licht durch das dunkle Papier kaum hindurchdringt.

Die kaschierten Ballons zum Trocknen am Knoten aufhängen und danach mit einer Nadel einstechen und dann vorsichtig aus der Papierform herauslösen. Setzen Sie nun die Papierform auf die Lämpchen auf. Sollten die Lämpchen durch das Loch herausrutschen, etwas Wickeldraht durch den Rand der Papierform stechen und locker um das Kabel wickeln.

Gelbe Tüllkegelkette

Mehrere kleine Pappkegel (7–10 cm hoch, Ø 6–8 cm) fertigen. Die Kegel mit Alufolie ummanteln und die Kleistermischung bereitstellen. Wahlweise weißes und gelbes Pergaminpapier in drei Schichten auf den Kegel kaschieren. Zuletzt kleine gut eingekleisterte Tüllstücke aufbringen und gegebenenfalls noch eine weiße Papierschicht darüber kaschieren.
Nach dem Trocknen die Papierform abnehmen und in die Kegelspitze mit dem Cutter ein Kreuz schneiden. Nun können Sie die Kegel auf die Lichterkette aufsetzen. Sollten diese nicht fest genug sitzen, einfach mit etwas Wickeldraht befestigen.

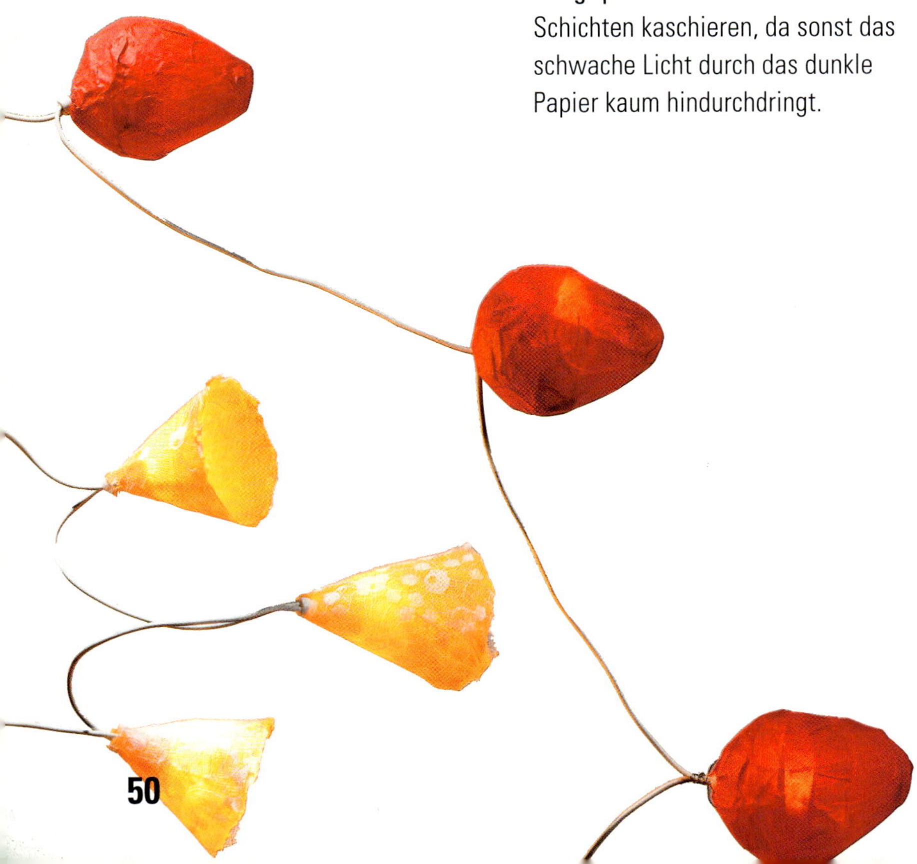

Mobilelampen

Verspielte Lampen, die sehr leicht und luftig ein heiteres Licht- und Schattenspiel erzeugen, das nicht nur Kinder fasziniert. Wählen Sie ganz nach Belieben Blumen, geometrische Formen, Vögel oder wie hier Sterne und Fische als Motive.

Da es schwieriger ist, Drahtformen nach Vorlagen zu biegen, sollten die Formen »frei« gebogen werden. Keine Bange, der Fisch sieht rasch wie ein Fisch und der Stern wie ein Stern aus. Darauf achten, dass sich die Drahtstücke (Ø 1,2 mm) an den Verbindungsstellen überlappen. Diese mit dünnem Wickeldraht fest umwickeln und die Aufhängung anbringen.

Kaschieren Sie die Meerestiere und Sterne mit Pergaminpapier. Hierfür möglichst kleine Papierstücke reißen, um auch die engen Rundungen gut kaschieren zu können.

Material
verzinkter Draht (Ø 1,2 mm, Ø 2 mm)
dünner Wickeldraht
Nähseide
Pergaminpapier Weiß
Mülltüte/Plastiktüte
E 27-Fassung mit Schraubring
Deckenkabel
Großkolben-Lampe (bis 75 Watt)
Muscheln, Seesterne

Biegen Sie nun aus dem dickeren Draht (Ø 2 mm) ein gleichschenkliges Dreieck (30 cm Seitenlänge). Den Draht an der Verbindungsstelle (Winkelverbindung) überlappen lassen und mit dünnem Wickeldraht fest umwickeln. Befestigen Sie an den drei Ecken jeweils ein Stück Wickeldraht. Für die Aufhängung werden dann die Drähte über dem Mobile zusammengefasst, verdreht, verknotet und an den Deckenhaken gehängt.
Zunächst die Sterne bzw. Fische, Seesterne und Muscheln mit Nähseide an dem Mobiledreieck anbringen. Ordnen Sie die Mobileteile in lockerer Reihenfolge und unterschiedlicher Länge an. Wichtig ist, darauf zu achten, dass das Gewicht gleichmäßig verteilt ist, damit das Mobile nicht auf eine Seite kippt. Das Mobile muss so am Deckenhaken befestigt sein, dass in der Mitte des gleichschenkligen Dreiecks das Deckenkabel mit der Großkolben-Lampe hängt. Die Mobileteile sollten sich frei drehen können, ohne dabei an die Lampe zu stoßen.

Techniken

Draht biegen und verbinden	(s. S. 22)
Kleistermischung	(s. S. 16)
Kaschieren auf Gerüste	(s. S. 21)

Tipp
Benutzen Sie eine große Mülltüte als Unterlage, dann können Sie die Formen auf den Tisch auflegen und das Papier gut festmassieren.

Schmetterlingslampe

So flüchtig wie Schmetterlinge scheint hier das Spiel von Licht und Schatten in einer leichten Sommerbrise zu sein. Mobileartig umflattern die Schmetterlinge das sanfte Licht.

Material

vorgefertigter Lampenfuß
dünner Wickeldraht
Transparentpapier
Buchseiten
Makulaturpapier Weiß
Doppelklebeband
kleine Tropfen-Glühbirne (25 Watt)
dicke Pappe

Techniken

Draht biegen und verbinden(s. S. 21)

Aus den drei unterschiedlichen Papieren Quadrate schneiden und in der Mitte falten. Mit Bleistift einen halben Schmetterling bis an die Falzkante aufzeichnen, ausschneiden und auseinander falten. Insgesamt etwa 35 Schmetterlinge fertigen. Richten Sie sich nach der Vorlage oder fertigen sie selbst eine Schmetterlingsform an.
Den dünnen Wickeldraht in unterschiedlich lange Stücke schneiden und an der Falzkante durch die Schmetterlinge ein- und nach etwa 1 cm wieder ausstechen. Für einen guten Halt das Drahtende am Schmetterling etwa 1 cm zu einem kleinen Haken biegen. Fassen Sie die Schmetterlinge in drei »Sträuße« zusammen und winden Sie jeden Strauß um eine Lampenfußstrebe (s. Abb.). Falls keine solchen Streben vorhanden sind, kommen auch die Löcher im Schraubring oder andere Gegebenheiten der Lampenschirm-Halterung für die Befestigung in Frage.
Einen Bogen Transparentpapier (35 x 50 cm) in Tütenform um den Lampenfuß legen und mit Doppelklebeband fixieren.
Damit die Glühbirne mindestens 3 cm Abstand zum Papier hat, kann ein Abstandshalter aus Pappe eingesetzt werden. Hierfür mit dem Zirkel auf die Pappe einen Kreis (Ø 9 cm) und in diesen einen kleinen Kreis (E 14-Fassung) zeichnen. Den großen Kreis ausschneiden, bis zur Kreismitte einschneiden und dann den kleinen Kreis ausschneiden. Auf die Fassung aufgesetzt, hält diese Papprosette (s. Materialfoto S. 13) das Papier zur Glühbirne auf Abstand.

Tipp
Die Schmetterlingslampe kann auch als Deckenlampe ein schöner Raumschmuck sein.

Zettellampe

Diese »Königin des Wohnzimmers« zähle ich auch zu den Mobilelampen. Sie ist eine Art Raumskulptur, die angenehmes warmes Licht gleichmäßig im Raum verströmt.

Material

Doppelklebeband
Stehleuchte
Draht (Ø 1,5 cm)
Pergamentpapier Creme
Joss-Paper
22 verchromte Allzweckklammern
Doppelklebeband

Techniken

Draht biegen und verbinden (s. S. 21)

Schneiden Sie das Pergamentpapier mit dem Cutter am Lineal entlang in ein Rechteck (70 x 78 cm). Die Kante einer Längsseite mit Doppelklebeband bekleben. Das Rechteck zur Rolle formen und die Kanten etwa 1–2 cm überlappend mit dem Doppelklebeband zusammenkleben. Die Papierrolle über die Stehlampe stülpen und zunächst am Boden stehen lassen.

Acht unterschiedlich lange Drahtstücke (50–80 cm) schneiden. Alle Drahtstücke einmal so um den Mittelstab der Stehlampe wickeln, dass die beiden Enden sich diametral gegenüberstehen. Darauf achten, dass die Drahtstücke auf der Schraube aufliegen. Haben Sie alle Drahtstücke angebracht, bilden die insgesamt 16 Drahtarme wie Speichen in einem Rad einen Kreis. Ziehen Sie nun die zweite Schraube fest. Sollte eine solche Befestigungsmöglichkeit nicht vorhanden sein, ist es wichtig, die Drahtenden so zu befestigen, dass sie nicht verrutschen können. Eine dicke Wulst Papierklebeband als Auflage reicht dafür auch aus.

Ziehen Sie sechs Allzweckklammer auf sechs Drahtarmen bis zur Mitte des Drahtes auf. An diesen Klammern wird nun die Papierrolle angeklammert.

Die restlichen Allzweckklammern auf die freien Drahtenden ziehen und den Draht zu einem Haken abwinkeln. Das Joss-Paper anklammern.

Alte Lampenschirme in neuem Glanz

Auf dem Dachboden, im Keller oder in einer Kammer finden sich oft alte Lampen. Im Sperrmüll und auf Flohmärkten kann man ebenfalls fündig werden. Die alten Schirme sind meist ausgeblichen, verstaubt und vergilbt. Manchmal ist man auch einfach des Anblicks eines Lampenschirms überdrüssig, da Form, Farbe oder Dekor längst nicht mehr gefallen.

Zwei Lampenschirme

Diese in die Jahre gekommenen Lampenschirm-Gerüste sollen ein neues Outfit erhalten. Hier werden Ihnen nun aus einer Vielzahl von Möglichkeiten zwei »Renovierungs«-Modelle vorgestellt. Am besten lassen Sie Ihrer Kreativität freien Lauf und stimmen das neue Outfit des Lampenschirms auf den Raum ab, den er schmücken soll.

Material
alte Lampenschirme
Seidenpapier Weiß
Pergaminpapier Weiß
Strohseide FONTANA Orange

Techniken

Kleistermischung	(s. S. 16)
Kaschieren auf Gerüste	(s. S. 21)

Schirm in Tulpenform

Den Stoff mit der Schere abtrennen. Da dieser sehr fest sitzen kann, braucht man dafür manchmal etwas Geduld.
Kaschieren Sie nun das Gerüst mit weißem Seidenpapier. Hierfür sehr große Stücke Seidenpapier reißen und absichtlich faltig kaschieren. Das Gerüst mit mindestens zwei Schichten Papier kaschieren. Das Papier jedoch nicht festmassieren, sondern sich locker wellen lassen Dadurch entsteht der flauschige Eindruck.

Schirm mit rundem Dekor

Das Gerüst mit 2–4 Schichten Pergaminpapier kaschieren. Die Strohseide in Quadrate schneiden und auf die Kreise des Gerüsts auflegen. An den Kanten der Kreise das Papier mit dem Pinsel einkleistern und behutsam abreißen. Kleistern Sie nun den Kreis aus Strohseide vorsichtig mit dem Pinsel ein. Das Papier ist so dünn, dass der Kleister gut durchdringt. Darauf achten, dass der Kreis auf der gesamten Fläche gleichmäßig gut festklebt.

Alter Lampenfuß in neuem Kleid

Alte Lampenfüße scheinen uns manchmal nicht mehr zeitgemäß oder gefallen uns einfach nicht mehr. Deshalb muss der Fuß jedoch nicht gleich weichen, denn auch hier gilt: Aus alt mach neu. Das wiederum bedeutet weit mehr als nur den Glanz aufzupolieren oder die Farbe zu verändern.

Hölzerner Lampenfuß

Dieser hölzerne gedrechselte Lampenfuß dient als Modell, wie Lampenfüße verändert und aufgepeppt werden können. Hier wird mit Pappmaché gearbeitet.

Material
alter Lampenfuß
1 Packung Pappmaché (Faber)
großes Gefäß
Meßbecher
Glassteine Bunt
Dispersionsfarbe Weiß

Das Pappmaché wie vom Hersteller vorgegeben anrühren. Es kann sofort verwendet werden.
Bei hohen Formen immer von unten nach oben arbeiten, da das feuchte Pappmaché abrutschen kann.

Lassen Sie sich beim Modellieren Zeit und probieren Sie aus, was Ihnen am besten zum gewünschten Schirm gefällt. Das Pappmaché sollte nicht dicker als 5 cm aufgebracht werden, da die Gefahr besteht, dass es dann nicht durchtrocknet und von innen zu faulen beginnt.
Ist der Fuß fertig modelliert, werden die bunten Glassteine in das noch feuchte Pappmaché eingedrückt. Ein schöner Effekt der Steine ist ihre Lichtreflexion.
Den Fuß an der Heizung oder in der Sonne gut durchtrocknen lassen. Das kann einige Tage dauern. Fallen während des Trocknens Glassteine heraus, setzen Sie diese mit Alleskleber einfach wieder ein.
Nachdem das Pappmaché völlig getrocknet ist, kann der Fuß mit weißer Dispersionsfarbe überstrichen werden. Versehentlich auf die Steine gekommene Farbe wird mit einem feuchten Schwamm abgewischt. Die Farbe gut trocknen lassen. Der Fuß kann zum Schluss auch noch lackiert werden. Lack schützt vor Abrieb sowie Feuchtigkeit und, vorausgesetzt es wird glänzender Lack aufgetragen, lässt den Fuß in neuem Glanz erstrahlen.

Tipp
Anstelle der Glassteine können auch Perlen, Muscheln und Schneckenhäuser als Dekoration in das Pappmaché eingesetzt werden.

Sicherheitshinweise

Viele Unfälle mit elektrischen Geräten und Anlagen resultieren aus Unkenntnis und Leichtsinn. Deshalb sind die Sicherheitsvorschriften, von denen auf keinen Fall abgewichen werden darf, Grundlage selbst für die kleinsten Arbeiten. Grundsätzlich sind bei jeder Installation und auch Veränderung von Geräten oder Anlagen die VDE-Vorschriften einzuhalten (VDE – Verein Deutscher Elektrotechniker e.V., Frankfurt a. M.). Diese gelten für Elektriker und Heimwerker gleichermaßen.

Grundsätzlich ist es nicht schwierig, einen nicht unter Spannung stehenden Stecker oder eine Lampenfassung zu montieren. Damit es nicht zu einem Unfall kommt, gilt es, die Vorschriften und bestimmte Regeln einzuhalten.

Die wichtigsten Sicherheitsregeln

1. Nie an Leitungen oder Geräten arbeiten, die unter Spannung stehen. Vor Beginn der Arbeit die Sicherung für den entsprechenden Stromkreis herausschrauben oder ausschalten.

2. Vor Beginn der Arbeit mit dem Spannungsprüfer (Phasenprüfer) prüfen, ob die Leitung auch tatsächlich spannungsfrei ist.

3. Niemals Elektroarbeiten ausführen, bei denen man sich nicht hundertprozentig sicher ist, dass man sie beherrscht und diese sachgemäß durchgeführt sind. Die Arbeiten gegebenenfalls von einem Fachmann ausführen lassen.

4. Keine beschädigten, abgenutzten oder veralteten Teile verwenden. Nach einer Reparatur, Ergänzung oder Veränderung muss die Installation den neuesten Vorschriften entsprechen.

5. Der grün-gelbe Schutzleiter darf nicht abgeklemmt, entfernt oder anderweitig genutzt werden. Seine Funktion ist nach jeder Arbeit zu überprüfen.

6. Bei alten Leuchten sollten Fassungen und Stromkabel komplett erneuert werden, da sie den heutigen Sicherheitsanforderungen und -vorschriften nicht mehr entsprechen. Darüber hinaus könnten sie beschädigt sein.

7. Vor Beginn der Arbeiten an der Lampenfassung immer den Stecker ziehen.

8. Hängelampen (Pendelleuchten) nur an einem entsprechend kräftigen und fest verankerten Deckenhaken, nie am elektrischen Kabel aufhängen. Das elektrische Kabel darf nicht unter Zug stehen.

9. Auf ausreichenden Sicherheitsabstand, mindestens 3 cm, zwischen Glühlampe und Lampenschirm achten. Der Lampenkörper darf mit dem Papierschirm nicht in Kontakt kommen.

10. Auf keinen Fall Glühlampen mit zu hoher Nennleistung (Watt) in die Leuchte einsetzen. Halten Sie sich an die empfohlene Nennleistung, die bei den Lampen unter »Material« und an den Fassungen aufgeführt ist.

11. Nur Fassungen und Glühlampen mit gleicher Nennleistung (Watt), die der Glühlampe kann auch niedriger als die der Fassung sein, zusammenbringen. Die für die Leuchte zulässige Nennleistung darf nicht überschritten werden. Auf die exakte Anpassung von Sockel an Fassung achten.

12. Achten Sie bei der Leuchtenauswahl darauf, dass in geschlossenen Lampenformen maximal 25-Watt-Lampen und in offenen Formen nicht mehr als 100-Watt-Lampen eingesetzt werden.

13. Die Lampenschirme können mit Brandschutzspray eingesprüht werden, das im Handel zum Imprägnieren von Weihnachtsbäumen und Adventsgestecken erhältlich ist.

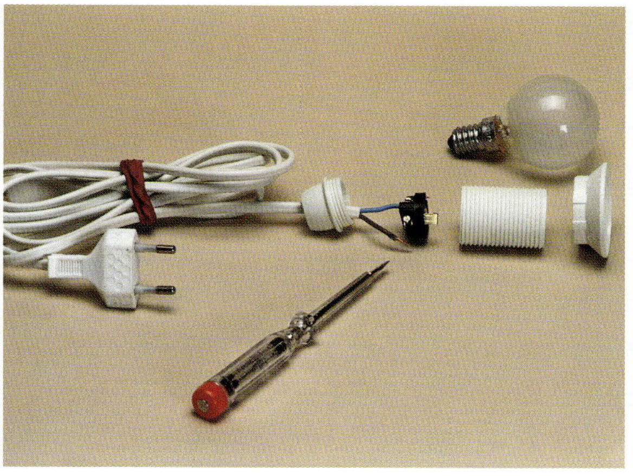

1 Zusammensetzen von Kabel und Fassung

1 In der abgebildeten Reihenfolge wird ein Kabel fachgerecht mit einer Fassung verbunden. Das Kabel in das Fassungsunterteil einziehen. Die freien Enden von Phase und Neutralleiter an den Einsatz (Kontaktplatte) anschließen. Die Schrauben gut festziehen. Falls eine Erdung (gelbgrüner Schutzleiter) erforderlich ist, diesen an die Erdungsklemme anschließen. Das Fassungsunterteil mit dem -oberteil zusammenschrauben. Zuletzt den Schraubring auf die Fassung aufschrauben.

2 Fassungssperre

2 Eine zusammengeschraubte Fassung lässt sich nur auseinandernehmen, wenn zuerst die Aufschraubsicherung, auch Fassungs- oder Mantelsperre genannt, gelöst wird. Alle neueren Fassungen haben eine solche Fassungssperre.
Zum Lösen der Sperre wird mit einem kleinen Schraubenzieher die Metalllasche nach innen gedrückt und gleichzeitig die Fassung gedreht, bis sie sich problemlos auseinander schrauben lässt.

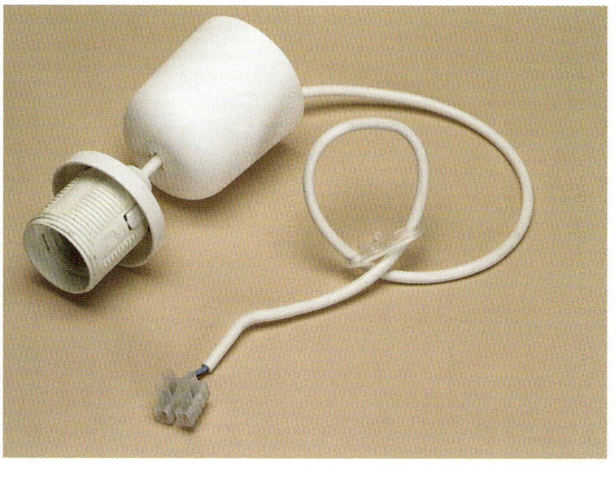

3 Befestigung von Hängeleuchten (Pendelleuchten)

3 Elektrische Kabel werden immer mit Lüsterklemmen verbunden. Hängeleuchten nur an einem entsprechend kräftigen und fest verankerten Deckenhaken, nie am elektrischen Kabel aufhängen. Das elektrische Kabel darf nicht unter Zug stehen.

Aufgepasst: Lose Verbindungen in einer Klemme führen zu Wackelkontakten, was zu einer Erwärmung der Verbindung führen kann. Eine lose Verbindung kann unter Umständen zum Brand führen.

Danksagung

Ich danke der Firma Pulsar für die schönen Naturpapiere, die ich für die Lampen in diesem Buch verarbeiten konnte.

Pulsar Naturprodukte GmbH
Postfach 10 20 08
63266 Dreieich
Tel: 06103 – 5938 – 0
Fax: 06103 – 36714
Email: Pulsar-@t-online.de
www.pulsar-nature.com

Des Weiteren danke ich
Christa Gonzalez für die Schmetterlinge der Schmetterlingslampe und den tollen Tipp für die Luminarias;
Esther Koeppel für ihre geduldige Mitarbeit bei den Lichterketten, den Gitterlampen und der Zwergenlampe;
Anna Zosik für ihre geduldige Hilfe und die Mitarbeit bei den Mobilelampen und meiner Schwester, Felicitas Eckert, für ihre unermüdliche Hilfe bei der Bewältigung der zahllosen Computerprobleme.